D1549855

# TODO
### ESTÁ AQUÍ PARA
# AYUDARTE

Título original: EVERYTHING IS HERE TO HELP YOU
Traducido del inglés por Francesc Prims Terradas
Diseño de portada: Editorial Sirio, S.A.
Maquetación de interior: Toñi F. Castellón

© de la edición original
2018 de Matt Kahn

Publicado inicialmente en inglés en 2020 por Hay House, Inc USA
Para oír la radio de Hay House conectar con www.hayhouseradio.com

© de la presente edición
**EDITORIAL SIRIO, S.A.**
C/ Rosa de los Vientos, 64
Pol. Ind. El Viso
29006-Málaga
España

www.editorialsirio.com
sirio@editorialsirio.com

I.S.B.N.: 978-84-18000-47-8
Depósito Legal: MA-207-2021

Impreso en Imagraf Impresores, S. A.
c/ Nabucco, 14 D - Pol. Alameda
29006 - Málaga

Impreso en España

Puedes seguirnos en Facebook, Twitter, YouTube e Instagram.

# MATT KAHN

autor de
*Ama todo lo que surja*

# TODO
## ESTÁ AQUÍ PARA
# AYUDARTE

**Descubre los dones
que se ocultan tras los grandes
desafíos de la Vida**

EDITORIAL
SIRIO

A mi amada Alexandra. He escrito este libro como una celebración de nuestro amor para sanar todos los corazones a través del éxtasis de nuestra unión sagrada.

A todos los *émpatas*,[1] trabajadores de la luz y seres energéticamente sensibles que os habéis visto agobiados por las energías de los demás y deseáis encontrar un verdadero alivio mientras entramos en un nuevo paradigma espiritual para la humanidad: este libro es para vosotros.

---

1. Término acuñado en el ámbito de la espiritualidad y que está trascendiendo al campo de la psiquiatría y la psicología. Se utiliza para referirse a individuos altamente sensibles que tienen la capacidad de sentir lo que las personas de su alrededor están pensando y/o sintiendo. En muchos casos, llegan a percibir físicamente los dolores de otros o la energía de un entorno. A diferencia de los términos «empático» o «hiperempático», no se trata de un adjetivo sino de un sustantivo, y aunque los tres hacen referencia a la empatía, *émpata* tiene un carácter más espiritual. En un orden jerárquico, considerando la empatía como valor de referencia, el espectro quedaría así: Narcisistas < Personas con empatía < Personas Altamente Sensibles < *Émpatas*.

# ÍNDICE

## Tercera parte.
## CREAR UNA NUEVA REALIDAD

# INTRODUCCIÓN

Como dicen las antiguas escrituras: «Al principio, existía el Verbo».

Esta es una manera perfecta de describir mi recorrido como persona intuitiva. Me encuentro descansando mentalmente en un espacio abierto y carente de contenidos con la misma emoción que siente un niño que está listo para abrir los regalos en la mañana de Navidad, y cuando llega el momento adecuado surge en mí, de la nada, un torrente de palabras; es una corriente espontánea de sabiduría inspirada. Todo sale siempre perfectamente, en todas y cada una de las ocasiones, pero aun así, siempre siento que estoy en el umbral de uno de los encuentros más intrigantes y emocionantes de la vida, provisto solo del claro impulso del instinto y una voluntad indiscutible de contribuir al bienestar de cada corazón (y, a menudo, solo dispongo de una bendita hora para transformar radicalmente la vida de alguien a quien no conocía).

Este ha sido el testimonio de la experiencia diaria que he tenido la suerte de vivir en los últimos catorce años. Desde que seguí el instinto de abandonar mis estudios universitarios una fresca tarde de noviembre, cuando declaré audazmente que el universo era la universidad en la que iba a cursar mi educación superior, he sido guiado por una fuerza innegable de conocimiento interno. Es un flujo de conocimiento impecable que ha utilizado cada una de mis experiencias personales para convertirme en el instructor, el *émpata* y el sanador intuitivo que nunca supe que estaba destinado a ser.

Siempre ha sido paradójico el hecho de que, siendo una fuente de claridad espontánea para los demás, no pudiese vislumbrar en absoluto hacia dónde se dirigía mi propia vida. En un viaje que a menudo me parece que emprendí ayer, y habiendo impartido más de trece mil sesiones de sanación, me he familiarizado profundamente con la forma en que el sendero espiritual fluye y refluye, de un nivel de expansión a otro. Este recorrido me ha dotado de una amplia perspectiva que me ha permitido comprender por qué personas que a menudo comienzan un viaje espiritual no logran encontrar el verdadero alivio, la paz inquebrantable, la alegría existencial y la claridad profunda que están aquí mismo, esperando a ser descubiertos.

A lo largo de cada sesión, he escuchado con gran interés, fascinado, lo que me ha contado cada persona sobre los diversos caminos, modalidades de sanación y enfoques místicos que ha seguido y los procesos de transformación que ha vivido. Era como si el universo me estuviera enseñando los entresijos de un viejo paradigma espiritual que debía ayudar a cambiar.

Muy a menudo, me han hablado de los obstáculos o los momentos de confusión con los que se han encontrado al principio de su camino espiritual, y la mayor parte de ello no tenía ningún sentido para mí. Si no fuese por la corriente de claridad que caía en cascada por mi mente en respuesta a cualquier pregunta o preocupación, probablemente me habría sentado frente a cada individuo con total asombro e incredulidad.

A medida que las preguntas de estas personas y mis respuestas intuitivas fueron dando lugar a un diálogo que era necesario para que me pusiese al día sobre cómo la mayoría de la gente perseguía la curación, el despertar y la transformación de la realidad, me daba cuenta de que aparecían unos temas que revelaban las grietas que estaban afectando a un paradigma espiritual deteriorado y obsoleto. Esto me inspiró el deseo insaciable de proporcionarle a cada ser humano las profundas experiencias espirituales que me había ido encontrando a lo largo de la vida.

Si bien el viaje espiritual siempre ha consistido en una transición fundamental del ego al alma, empecé a ver que quienes iban en busca de la verdad no necesariamente lo hacían desde la perspectiva del alma. En lugar de ello, exploraban muchas facetas del crecimiento interno desde el punto de vista del *ego*. En mi primer libro, *Ama todo lo que surja* (Editorial Sirio, 2017), definí la naturaleza del ego como la identidad imaginaria de un sistema nervioso sobrestimulado. Estos patrones de sobrestimulación se crean en nuestros primeros años de desarrollo al creer, inconscientemente, que les gustaremos más a los demás si somos más como ellos. Esto crea un capullo psicológico de condicionamiento humano en el que habitará el alma hasta que esté lista para despertar y expandirse hacia la luz de su potencial más elevado. Basta con decir que el ego son las creencias limitantes, las elecciones contraproducentes y los puntos de vista estrechos de la conciencia durmiente. Cuando la conciencia empieza a despertar, las creencias limitantes se van disolviendo, las elecciones contraproducentes dejan de resonarnos y los puntos de vista estrechos son sustituidos por perspectivas más amplias.

El propósito de nuestra evolución es salir del ego y pasar a brillar como el alma, pero esta finalidad a menudo se malinterpreta cuando se tiene la impresión de que el ego y el alma están separados. Si bien el ego y el alma pueden existir como dos experiencias diferentes, ambos son aspectos de una Fuente omnipresente de inteligencia divina.

Esta verdad resalta la interconexión existente en el universo, según la cual *todas las cosas están unidas como si fuesen una sola*, independientemente de lo separadas que parezcan estar o de la distancia que haya entre ellas. Mientras que el ego es el alma en su estado más inactivo de incubación, el alma es una expresión plena de la energía de la Fuente. Entre estos dos aspectos, se despliega el viaje espiritual.

Para que un viaje espiritual ofrezca las experiencias más gratificantes, la cuestión clave es si se está efectuando desde la perspectiva del ego o la del alma.

Si uno aborda el crecimiento espiritual desde el punto de vista del ego, va a permanecer en el ego, por más trabajo interior que lleve a cabo. Y si uno aprende a evolucionar desde la perspectiva del alma, podrá tener experiencias vitales más vívidas. Dado que el alma es una expresión consciente de la energía de la Fuente, resuena con una claridad profunda que es tan armoniosa, inclusiva y amable como directa, efectiva y potente.

En respuesta a haberme encontrado con tantos seres energéticamente sensibles cuyos caminos solo parecían volverlos más dubitativos, avergonzados y críticos de sí mismos, me di cuenta de lo importante que es seguir un camino centrado en el corazón para liberar a nuestra verdadera naturaleza, que es inocente, de cualquier grado de esclavitud espiritual.

## EL FIN DE LA GUERRA INTERIOR

*Todo está aquí para ayudarte* constituye un apoyo emocional que pretende sacarte de la guerra interna del ego y llevarte a la presencia iluminada del alma. Dado que el ego es el comportamiento inconsciente de las creencias limitantes, las elecciones contraproducentes y los puntos de vista estrechos, la «guerra interior» que se está resolviendo obedece a la necesidad evolutiva de integrar el ego, lo cual nos ayuda a purgar los patrones del condicionamiento humano que a menudo hacen que nos sintamos como víctimas de nuestras circunstancias, en lugar de los pioneros del despertar de la humanidad.

Para ayudar a poner fin a la guerra interior de la manera más enriquecedora, he escrito este libro con el fin de explorar los niveles más cruciales de la expansión del alma de forma clara y sencilla. Vamos a realizar, juntos, un viaje en el que vamos a cultivar nuestras cualidades divinas más elevadas y a equilibrar las energías masculina y femenina en nuestro interior, así como a transformar nuestras relaciones a través de los regalos del espacio y el amor hacia nosotros mismos. Este viaje nos conducirá más allá de cada punto de fricción y nos llevará al gozo inherente a nuestra más sincera rendición.

Este libro también incluye cuestiones interesantes sobre las que reflexionar a lo largo de cada capítulo, así como mantras codificados energéticamente y repetición de declaraciones y afirmaciones destinados a activar y despertar el potencial ilimitado de la vida.

Si bien muchas de las ideas que se ofrecen a lo largo de esta obra te parecerá que encajan mágicamente en su lugar, otras tal vez chocarán con las capas del ego o la densidad del estancamiento interno y no podrás asimilarlas de entrada. Pero si permites que el amor lidere la marcha, el éxtasis de aventurarte más allá de todos los límites y obstáculos será menos abrumador y agotador y más excitante e instintivo.

*Dando un paso compasivo tras otro, la verdad de nuestra naturaleza eterna puede revelarse, sin que haya la necesidad de que seamos algo en absoluto distinto de aquello que hemos venido a ser.*

## Primera parte

# ENCUÉNTRALE
# EL SENTIDO AL VIAJE
# DE TU ALMA

# CAPÍTULO 1

# PONER FIN
# A LA GUERRA
# INTERIOR

En el nuevo paradigma, nuestro viaje espiritual requiere que evolucionemos desde el punto de vista del alma. Esto es importante para que el ego no se reinvente como una personalidad que maneja temas espirituales. Si ocurre esto, mantenemos la densidad del condicionamiento humano, pero pasamos a contar con razones espirituales para justificar la continuidad de nuestra opción de seguir albergando creencias limitantes, efectuando elecciones contraproducentes y manteniendo puntos de vista estrechos.

El viaje espiritual es una empresa atemporal que siempre empieza con el fin de la guerra interior del ego. Sea cual sea el punto en el que nos encontremos en nuestro recorrido, es importante que aceptemos la manera que tiene el alma de abordar este proceso, una manera más sabia y amorosa. De lo contrario, estamos intentando poner fin a la guerra interior por medio de la agresión; nos estamos limitando a ponerle una máscara espiritual al ego o a hacer de él un enemigo al que oponernos. Pero uno no puede resolver un conflicto interno fomentando el desacuerdo entre las partes enfrentadas, aparentemente irreconciliables. Por lo tanto, es esencial que abordemos con compasión cada hito de nuestro viaje, incluido el final de la guerra interior.

Al explorar el viaje espiritual desde la perspectiva del ego, es natural sentirse entusiasmado con diversos temas místicos, pero estar menos interesado en incorporar las cualidades más elevadas del alma y en adoptar las decisiones más valientes propias de un alma plenamente realizada. Si escuchamos a nuestro ego, nos aventuramos hacia un mayor empoderamiento, pero a menudo nos dirigimos hacia este objetivo basándonos en la superstición o en el miedo.

Cuando estamos guiados por el fortalecimiento negativo de nuestro ego, los objetivos son positivos, pero tendemos a buscar obsesivamente cualquier indicio de discordia interna. Esto es análogo a trabajar incansablemente en un automóvil clásico en el garaje de casa durante muchos años; es tal el empeño que pone la persona en reconstruir el vehículo perfecto que nunca llega a conducirlo. De manera similar, cuando nos guiamos por el ego, es habitual que vivamos en un estado de prudencia en el que nuestra esperanza es evitar la angustia de las reacciones emocionales y resistir la tentación de quedar atrapados en la espiral del pensamiento negativo.

Por supuesto, solo el ego lucha, evita, vence o niega, por lo que resulta fácil ver cuándo un viaje espiritual auténtico se ha convertido en una odisea basada en la oposición. Es sencillo perderse en el ego; esto ocurre, por ejemplo, cuando estamos luchando con nuestros propios miedos, evitando el peso de los sentimientos dolorosos, intentando desengancharnos de los condicionamientos familiares con demasiada rapidez o trabajando desesperadamente para superar la intensidad de nuestros pensamientos más limitantes.

Cuando el alma toma el mando, dejamos de luchar contra nosotros mismos y los demás, y no nos resistimos a las elecciones que nos invitan a reclamar nuestro verdadero poder espiritual. Estos son los regalos que tenemos la bendición de recibir cuando nuestra guerra interior va terminando. Cuando ocurre esto, ya no nos resistimos a ningún sentimiento en particular, ya no tenemos ningún condicionamiento ancestral por resolver y tampoco hay pensamientos que rechazar. Sin embargo, no podemos cultivar una realidad tan maravillosa y alucinante si estamos enfocados en tratar de evitar o controlar cualquier cosa. Desde la perspectiva del alma, hay una manera mucho más directa de evolucionar.

## EL PRINCIPIO DEL FIN

El final de la guerra interior se produce cuando se integra el ego desde la perspectiva del alma. Esto se debe a que el alma siente una tremenda veneración por el ego y su destino, que es deshacerse. Ve al ego como un útero sagrado, donde el alma reside en las etapas más inactivas de su infancia hasta que llega el momento en que despierta para el bienestar de todos. Cuando un hijo nace, los médicos no intentan dañar a la madre ni destruir el útero para traer el bebé al mundo. De la misma manera, como madres y parteras metafóricas que escoltamos la luz de nuestras almas hasta la humanidad, solo el enfoque más armonioso puede proporcionarnos el alivio que buscamos.

En el nuevo paradigma espiritual, no nos oponemos al ego. En lugar de ello, somos anclas centradas en el corazón de una nueva humanidad que ha venido a liberar al ego de ciclos de dolor autoimpuesto devolviéndolo a la Fuente de la manera más amorosa.

Cuando el alma despierta, inicialmente ayuda a que el ego sea integrado tomando conciencia de él. A medida que aprendemos a familiarizarnos con los patrones recurrentes del ego, sin juzgarlo ni aceptar sus creencias y exigencias, el conflicto interno se va suavizando.

El alma es como un rayo de luz singular manifestado desde el sol de la Fuente eterna y única. Solo con ver el ego con amorosa compasión, la luz del alma va suavizando cada borde duro y rígido, hasta que todas las capas se derriten.

Cada vez que, aplicando una atención suave, nos interesamos por el funcionamiento habitual del ego, podemos discernir su sistema operativo y desmontarlo apaciblemente.

## LAS TRES ACTIVIDADES DEL EGO ASOCIADAS A LA GUERRA INTERIOR

Para tomar conciencia de cómo opera nuestra alma en la fase de incubación más estancada del ego, empecemos por reconocer las tres actividades del mismo, que se repiten con idéntica previsibilidad y recurrencia que las estaciones del año. Estas actividades representan el patrón que perpetúa las creencias más contraproducentes y las cualidades menos deseables.

Mientras que los instintos de lucha, huida y paralización están arraigados en nuestro mecanismo de supervivencia, las tres actividades del ego revelan la motivación interna que hace que se manifieste cada una de estas reacciones. Son los patrones de la preocupación, la anticipación y la queja.

**1. El ego siempre se preocupa.** El ego no puede existir sin la sensación de preocupación. Está arraigado en la tendencia primordial a desconfiar de la perfección del orden divino. El ego es incapaz de aceptar su verdadera identidad como expresión pura y no contaminada de la Fuente. Y la preocupación surge del miedo. Esto ocurre cuando el alma está acumulando el impulso energético que le permitirá expandirse, mientras se está incubando en sus estados de ser más inactivos y, a menudo, carentes de poder. Una creencia fundamental del ego es lo mucho menos preocupante que sería todo si los términos y condiciones de la realidad pudieran cambiarse constantemente para satisfacer sus gustos.

Creencias como esta tienden a inducir a error a muchas personas, que suponen que se sentirán de manera diferente una vez que haya cambiado su realidad exterior. Esto apoya la creencia fundamental del ego de que las circunstancias externas deben cambiar antes de que sea posible tener una mejor experiencia.

Aunque es cierto que hay momentos en los que son necesarios determinados cambios externos para que la evolución siga su curso, la tendencia a insistir en que la solución debe aparecer fuera antes de que pueda materializarse dentro es un patrón conocido como *apego*. Cuando estamos apegados a los resultados externos, nuestro campo energético detiene su expansión permanente. De ese modo, la expansión del alma también se detiene, si bien la evolución no deja de producirse, ya que todo lo que ocurre no puede más que favorecer nuestro viaje.

A medida que vamos reuniendo las necesarias experiencias egoicas para ver más allá de unos puntos de vista tan limitados, nuestro campo energético es capaz de abrirse con mayor conciencia y una perspectiva renovada, y continuar expandiéndose.

Aunque un patrón como la preocupación puede ser profundamente doloroso cuando se experimenta, no hay duda de que juega un papel clave en nuestra evolución. Más allá de la incomodidad física y mental que nos produce, su propósito es crear un impulso energético que inspire a nuestra conciencia a despertar. Esta acumulación de energía se produce a medida que oscilamos entre nuestros diversos condicionamientos, de manera similar a como alguien debe dar vueltas en la cama para despertar de un sueño vívido que tal vez estaba tomando por una experiencia de la vida física.

**2. El ego necesita anticipar lo que va a ocurrir.** La segunda actividad del ego es la anticipación. Cuando el ego se preocupa, a menudo prevé que va a suceder algo doloroso. Cuando está perdido en la anticipación, espera ver los inconvenientes que van a presentarse con tanta antelación que ello le permita actuar sin demora para evitar cualquier grado de frustración, dolor o pérdida.

También es importante ver cómo el ego mantiene la inconsciencia previendo el dolor o esperando momentos de placer. Esto no quiere decir que contemplar futuros eventos signifique que uno está perdido en el ego. Se trata de que nos demos cuenta del tiempo que dedicamos a esperar que ocurra algo.

La tendencia a vivir más en la anticipación que en cada momento presente hace que el ego permanezca apegado a la creencia de que las circunstancias externas deben cambiar antes de que la vida pueda apreciarse de forma diferente. Cuando estamos perdidos en la anticipación, tendemos a creer que las cosas van a ir exactamente como estamos imaginando. Esto significa que el ego o bien necesita que los resultados sean exactamente como los ha visualizado para ser feliz, o bien se sume en el miedo, suponiendo que la vida está limitada a la forma en que ve las cosas. En cualquiera de los dos casos, el apego al resultado hace que tengamos la necesidad de ejercer el control sobre la realidad, lo que ralentiza aún más la expansión de nuestra alma.

A medida que se despliega la guerra interior del ego, las cosas pueden ir o no según lo planeado, pero la vida siempre se desarrolla de las maneras que nos conducen a unos niveles de expansión más elevados.

**3. El ego no puede hacer otra cosa que quejarse (o lamentarse).** La negativa a aceptar los beneficios evolutivos de lo que sea que ocurra en la vida es un patrón conocido como *queja* o *lamentación*. Esta es la tercera actividad del ego.

Además de prever las posibles adversidades que se avecinan, el ego a menudo mantiene su estado de inconsciencia mirando hacia atrás y culpando a las personas, los lugares o las cosas que cree que son la causa de su dolor. Dado que el ego es el alma en su fase de expansión más latente, se siente excluido, solo, abandonado y traicionado por un universo que, en realidad, solo crea los distintos momentos para el beneficio de nuestro crecimiento. Si se sintiera más conectado al universo y apoyado por este, no habría ningún ego que lo percibiera. Esto es así porque solo el alma despierta está alineada con la Fuente. Por lo tanto, los sentimientos dolorosos de queja y desconexión indican que el alma se encuentra en un estado existencial de incubación, preparándose para el despertar de su conciencia.

En algunos casos, la queja puede inspirarnos a mirar atrás para reconocer las lecciones, la sabiduría y las elecciones que anteriormente pasamos por alto. Pero cuando estamos dominados por el ego, usamos la queja para escondernos, inconscientemente, de las amenazas potenciales que nos acechan en la vida diaria. Como parte del círculo vicioso del ego, la queja o lamentación anticipa los peores escenarios para inspirar la preocupación. Una vez que la preocupación está en marcha, utiliza las quejas respecto al pasado para alejarse de todo lo que le preocupa que pueda ocurrir. Del mismo modo, el ego a menudo emplea la queja relacionada con momentos pasados para proyectar lo que fueron resultados negativos como futuros probables, lo cual fomenta la preocupación.

Así que, como puedes ver, la preocupación, la anticipación y la queja se retroalimentan en un círculo vicioso.

## DE LA INCUBACIÓN A LA EXPANSIÓN

Al examinar las tres actividades del ego, podemos darnos cuenta de que su tendencia habitual a alternar entre la preocupación, la anticipación y la queja mantiene el estado inconsciente de la incubación. Esto ocurre hasta que el alma alcanza un umbral crítico, momento en el cual está lista para experimentar las transformaciones características del viaje espiritual.

En inglés, la letra inicial de cada una de las actividades del ego (*worry* 'preocupación', *anticipation* 'anticipación' y *regret* 'queja, lamentación') forma la palabra *WAR*, 'guerra'. Esto sugiere que cualquier grado de guerra interior o conflicto personal tiene como base el estado dormido de la conciencia. Cuando el alma, al principio de su viaje evolutivo, está pasando del estado de incubación a la expansión, es nuestra voluntad de percibir estas actividades del ego con mayor conciencia lo que la ayudará en este proceso de despertar.

El fin de la guerra (*WAR*) interna puede reflejarse como una ecuación, que denomino *ARE* 'somos':

*Awareness* 'conciencia' + *Resolution* 'resolución' = *Expansion* 'expansión'

Muchos anhelan la resolución sin desarrollar primero la conciencia que es esencial para alcanzar altas cotas de crecimiento espiritual. Otros se han vuelto muy conscientes de cómo la preocupación, la anticipación y la queja influyen en sus vidas, pero no saben qué hacer al respecto.

Esta es la razón por la cual la ecuación *ARE* es una fórmula esencial para poner fin a la guerra (*WAR*) interna.

Para darle más consistencia a la ecuación *ARE* como mapa evolutivo, nos será útil el acrónimo *WE*: *Word Embodied* 'verbo encarnado'. Como me gusta decir, «al principio, existía el Verbo, y el Verbo de la Verdad hizo que todo pasase a existir».

Puesto que cada uno de nosotros es una expresión viviente de la energía de la Fuente, nosotros (*WE*) somos el Verbo sagrado encarnado en forma humana. Nos hemos encarnado en un viaje permanentemente expansivo en el que la conciencia y la resolución inspiran la expansión del alma para recordar el Uno y regresar a él.

Puesto que nuestra Fuente divina es omnisciente y lo ama todo, su presencia brilla en todos para recordarnos que la apertura nunca excluye (*Openness Never Excludes*, *ONE* 'Uno').

*Word Embodied* (*WE*)
['verbo encarnado (nosotros)']
*Awareness* + *Resolution* = *Expansion* (*ARE*)
['conciencia + resolución = expansión (somos)']
*Opennes Never Excludes* (*ONE*)
['la apertura nunca excluye (uno)']
En otras palabras, *WE ARE ONE*
['(nosotros) somos uno'].

---

**Para ayudarte a incorporar el conocimiento
*WE ARE ONE* '(nosotros) somos uno',
reflexiona sobre la sabiduría contenida en la
declaración siguiente o léela en voz alta:**

Acepto que el ego es el alma en sus etapas de incubación más latentes. No debemos enfrentarnos a él, rechazarlo ni negarlo, por más doloroso que pueda ser su vaivén entre los patrones de la preocupación, la anticipación y la queja. Acepto que no me preocupo, no anticipo y no me quejo por ninguna de las razones que pudiese haber creído o imaginado; sencillamente, estoy aplicando estos patrones como una forma de generar el impulso que inspirará el despertar de la conciencia.

Al saber que esto es así, permito que todos los aspectos de mi guerra (*WAR*) interna sean sanados y resueltos, a medida que voy generando más espacio para la expansión de mi alma. Acepto mi sanación más profunda en nombre del amor, sabiendo que todo lo que resuelvo dentro ayuda a la transformación de todos los corazones, ya que somos uno (*WE ARE ONE*). Así es.

A medida que permitimos que los apegos al estancamiento interno se desvanezcan al repetir una declaración tan potente, podemos descubrir nuevos niveles de espacio interior y mayores perspectivas de claridad para que ello nos ayude a poner fin a la guerra interior. Al hacer esto, no estamos condenando, juzgando o negando al ego, sino liberándolo de la incubación del estancamiento interno al devolverlo a la Fuente de la manera más amorosa.

# CAPÍTULO 2

# LIBERARSE DEL
# MICROSCOPIO
# ESPIRITUAL

Aunque han pasado diez años desde que un momento auspicioso alteró el curso de mi realidad, recuerdo lo que ocurrió como si acabara de suceder. Ahí estaba yo, de pie frente al espejo de cuerpo entero de mi habitación, obedeciendo al impulso que sentí de mirar directamente a mi propio reflejo sin apartar la vista. Fue como si me sumiese en un pulso existencial entre todo lo que el mundo exterior me había enseñado sobre mí y un conocimiento interno que se negaba a permanecer en el trasfondo por más tiempo. Mientras miraba en lo profundo de mis propios ojos, pude sentir que la intensidad de una revelación inminente se agitaba en mi interior. Era como si pequeños huracanes de energía se estuviesen desatando dentro de las células de mi cuerpo.

Cuando ocurrió esto, la forma que estaba viendo reflejada en el espejo se volvió menos densa y comenzó a vibrar como una manifestación de luz pura. Enseguida vi, muy directamente, que la persona que había creído que era no era tal, sino la expresión de un resplandor eterno. Nada que tuviese que ver con la persona era incorrecto, insignificante o incluso capaz de obstaculizar la pulsación de la luz en mi interior.

De hecho, fue en ese momento cuando sentí que, de alguna manera, todo lo que tenía que ver con mi cuerpo, mi mente y mi personalidad estaba completo y era perfecto. En lo que pareció un cambio instantáneo, pasé a experimentar la realidad dentro de la forma. Ello desató en mí el respeto y la veneración por todas las criaturas vivientes y seres sensibles, con los que me sentí en armonía.

La luz que pulsaba dentro de mí siguió expandiéndose fuera de mi cuerpo, hasta que vi que todo lo que había al alcance de mi vista y a mi alrededor estaba vibrando como una realidad indivisa. La paz era inmensa, y experimenté un alivio natural e inquebrantable. Por fin me sentí acogido y en casa; había aflorado una verdad profunda que se negó a pasar desapercibida ni un segundo más. Mientras observaba la energía presente dentro de los presuntos límites de mi cuerpo, supe instintivamente que era la luz de mi alma.

Mientras todo vibraba como un campo de luz omnipresente, omnisciente y que lo amaba todo, vi que la energía que estaba en mi cuerpo era una forma única en la que ese campo infinito se expresaba y autoexploraba como la persona llamada Matt. Fue en ese momento cuando oí estas palabras:

Una vez fui una persona que estaba en un espacio, y ahora soy el espacio en el que está una persona.

En lugar de ser un individuo que estaba reflexionando sobre la naturaleza del alma, yo era el alma experimentando su propia naturaleza divina al tomar forma dentro de un ámbito definido por el espacio y el tiempo. Pero esta revelación no hacía que las personas, los lugares y las cosas fuesen menos relevantes. De una manera directa, evidente e irrefutable, sentí instintivamente la vitalidad de la divinidad en todas las formas, como si yo estuviera viviendo en todo al mismo tiempo. A la vez, también sentí que mi «yo personal» había sido creado para ofrecerle al alma un vehículo específico para que pudiese vivir sus aventuras cósmicas.

Esa trascendental tarde de domingo, mientras estaba de pie frente al espejo del armario de mi habitación, un cambio de conciencia inesperado le dio un vuelco a mi realidad, literalmente. Fueron unos instantes que supusieron sin ninguna duda el inicio de una expansión espiritual rápida e insondable que habría de afectar a todos los aspectos de mi vida; además, el despertar y la manifestación triunfal del resplandor de mi alma supusieron el final de la lucha, el tormento y la crítica interna.

Ya sea que se inicie después de una tragedia, en respuesta a una pérdida inevitable, como un remedio sanador o como un intento de satisfacer las interminables curiosidades que podamos tener respecto a nuestro misterio interior, el viaje espiritual es, en nuestros tiempos, una oportunidad de despertar y explorar la luz del alma. Un momento de expansión tras otro, todos los malentendidos fundamentales se resuelven desde dentro hacia fuera para revelar el resplandor de la perfección divina que se ha camuflado como lo que conocemos como *vida*. En este contexto, todos los encuentros personales nos ofrecen una oportunidad de evolucionar hacia la plenitud y la singularidad del potencial inmaculado de nuestra alma.

Si bien muchos de nosotros hemos permanecido inmersos en caminos de crecimiento interior a lo largo de muchos años, hay una profunda diferencia en cuanto al grado de alivio experimentado una vez que empezamos a efectuar nuestro viaje desde la perspectiva del alma. Incluso después de tomar conciencia de las tres actividades del ego, es fácil que liberarnos de los patrones que nos han estado consumiendo durante tanto tiempo nos parezca una tarea desalentadora.

Aunque las respuestas condicionadas del ego puedan ser la fuente del sufrimiento humano, deben transformarse, en lugar de abandonarse o desecharse. Como uno va descubriendo en cada nivel del viaje espiritual, afirmar el cambio desde cualquier grado de agresión solo alimenta los mismos conflictos que se están intentando resolver. Si bien es natural querer vivir ajeno a los escollos que presenta el ego, el camino de transformación requiere apertura en lugar de oposición.

Desde la perspectiva del alma, la guerra (*WAR*) interna del ego se puede resolver desde la máxima humildad. Esto significa acercarse a la evolución interior con bondad amorosa, en lugar de hacerlo utilizando la fuerza o la agresividad. Puesto que es inseparable de su Fuente sabia, armoniosa y omnipresente, el alma siempre resuena con el enfoque más amoroso. Desde este espacio expansivo, somos capaces de encontrarle sentido a la realidad, al mismo tiempo que, de forma natural, nos respetamos a nosotros mismos, respetamos a los demás y respetamos la seriedad de nuestro viaje en cuanto es el de la divinidad encarnada en una forma.

## LA REVOLUCIÓN CONSISTE EN CULTIVAR LA LUZ

La ecuación *ARE* señala que la expansión es el efecto de combinar la conciencia con la resolución. Una vez que somos conscientes de las tres actividades del ego, podemos aprender cómo integrarlo de la manera más amorosa. No pasemos más tiempo escudriñándonos bajo un microscopio espiritual; exploremos el cambio fundamental que nos sitúa a la vanguardia de la evolución de nuestra alma.

Este cambio consiste, más que nada, en adoptar otro enfoque. En lugar de estar buscando constantemente imperfecciones para arreglarlas y cambiarlas, nos abrimos a cultivar unas frecuencias de luz más elevadas. Adoptamos una visión más amplia.

En muchos círculos espirituales, el cultivo de la luz se conoce como *elevar la propia vibración*. En lugar de luchar contra los obstáculos internos, que son enemigos que el ego puede encontrar, vamos perfeccionando y afinando nuestras cualidades más positivas. Cultivar la luz es la disposición a anunciar la presencia del bienestar en nuestro propio beneficio y en el de quienes tenemos alrededor.

Cuando reconocemos nuestro bienestar con mayor conciencia, descubrimos la seguridad y la motivación necesarias para mostrar nuestras cualidades más poderosas. Independientemente de cómo se manifieste cualquier momento dado, el Uno (*ONE*) que está en todos permanece vivo en todos los corazones, recordando a los que son conscientes que la apertura nunca excluye. Nosotros, como administradores divinos del Uno (*ONE*), hemos venido a este planeta con una misión importante. Anunciando la presencia del bienestar en respuesta a las vicisitudes de la vida transformamos la Tierra de acuerdo a su potencial más elevado.

Esto puede ayudarnos a comprender que el mismo proceso por el que elevamos la vibración de nuestro campo energético es la mayor contribución que podemos efectuar para cambiar la conciencia de toda una civilización. Tanto si nuestro enfoque se mantiene en lo particular como si es de carácter global, los pasos necesarios para pasar del ego al alma, y que ayudan a crear un punto de inflexión para despertar el Uno (*ONE*) en todos (*ALL*), son los mismos. Si *ONE* 'Uno' es el acrónimo de *Opennes Never Excludes* 'la apertura nunca excluye', ALL lo es de *Absolute Law (of) Love* 'la ley absoluta del amor'.

Dado que el hecho de que la apertura nunca excluye es la ley absoluta del amor, es el cultivo de la luz lo que nos permite acceder verdaderamente a la experiencia directa de esta ley cósmica tan inclusiva. El proceso del cultivo de la luz empieza con el aprendizaje de las acciones esenciales que deshacen la preocupación, la anticipación y la queja del ego. Tanto si se implementa en respuesta a la frecuencia con la que se manifiestan estos patrones como si lo que se pretende es contar con mayor inspiración a la hora de tomar decisiones en el día a día, la práctica espiritual de cultivar la luz consiste en invertir el acrónimo *WAR*.

## DE LA GUERRA (*WAR*) AL ESTADO NATURAL, PRIMARIO (*RAW*)

Al invertir las letras de *WAR* 'guerra' obtenemos la palabra *RAW* 'crudo, natural, puro, primario', que se puede ver como su contraparte opuesta. Cuando se descodifica el acrónimo *RAW*, quedan al descubierto los atributos naturales de nuestra alma que permiten que el viaje espiritual sea un proceso de comunión con la Fuente, en lugar de una batalla entre la luz y la oscuridad.

El alma ya sabe que la luz no está aquí para luchar con la oscuridad. Se la ha enviado a la Tierra para rescatar a la oscuridad de su sufrimiento devolviéndola a la luz de la manera más cuidadosa y auténtica. Cuando el ego explora la espiritualidad, su enfoque es deshacerse de la oscuridad para dejar espacio a la luz. Sin embargo, si seguimos el camino del corazón, ya no estamos atrapados en una lucha basada en la polaridad, en la que el bien se opone al mal o la luz niega su sombra. En lugar de ello, descubrimos cuál es el comportamiento natural del alma en el tiempo y el espacio.

Cuando pasamos de la guerra (*WAR*) a lo que es natural, puro y primario (*RAW*), pasamos a ser anunciadores del bienestar que cultivan la luz en favor de la expansión de su alma. Cuando nuestra vibración se eleva, cualquier patrón inconsciente, recuerdo doloroso o manifestación de la oscuridad se transmuta de forma natural para completar su misión consistente en regresar a la Fuente.

## BUDA NO LUCHA

La historia de Buda ofrece uno de los ejemplos más claros del paso de la guerra (*WAR*) a lo natural (*RAW*). Según se cuenta, Buda estuvo rodeado de demonios mientras estaba sentado debajo del árbol *bodhi*. Muchos ven esto como su necesidad de negar las cualidades atractivas del ego, o los deseos mortales, en un intento por afianzarse firmemente en la pureza de la verdad. Por supuesto, el punto de vista de que hubiese que negar algo solamente habría podido albergarlo el ego.

Las representaciones visuales de Buda lo muestran con las manos descansando naturalmente a cada lado, con los ojos medio abiertos en lugar de completamente cerrados. Si los ojos de Buda estuviesen cerrados, se estaría sugiriendo la necesidad de evitar el ego o alejarse de la oscuridad para que la iluminación pueda acudir. En cambio, sus ojos medio abiertos y sus brazos apoyados a cada lado indican que la verdad no está aquí para oponerse a la oscuridad o negarla de ningún modo.

Buda se encuentra en un estado de serenidad, incluso en presencia de demonios, porque ha descubierto su verdadero yo en cuanto transformador de la oscuridad, salvador del ego, redentor de la luz y anunciador del bienestar.

Como maestro espiritual en ciernes, al pasar de la guerra (*WAR*) a lo natural (*RAW*), tú también tendrás tus propios momentos profundos de iluminación bajo *bodhi*, que es una metáfora del árbol de la vida. Para ello, es necesario explorar los componentes de *RAW*.

## EL PRIMER COMPONENTE DE
## *RAW: RESPECT* 'RESPETO'

Alcanzar el estado *RAW* 'natural, puro, primario' en su expresión más consciente comienza con el *respeto*. El respeto es una cualidad innata del alma que constituye una forma de honrar al Uno (*ONE*) en todos (*ALL*), tanto si las personas que vemos encarnan su divinidad de forma honorable como si no lo hacen.

Desde la perspectiva del alma, todas las situaciones de interacción fueron creadas para ofrecer oportunidades para el crecimiento interior y la expansión espiritual. Esto hace que lo relevante sea cuál es nuestro comportamiento en respuesta a cualquier circunstancia que se presente. Esto significa que la forma en que nos respondemos a nosotros mismos y respondemos a los demás es mucho más importante para la evolución de nuestra alma que las situaciones que surgen.

Cuando el deseo de recordar el Uno (*ONE*) en todos (*ALL*) ha surgido dentro de nosotros, la tendencia a respetar cada momento y a cada persona pasa a ser una de nuestras principales prioridades. Podemos aprender a respetar la evolución de los demás, tanto si entienden lo importante que es el viaje de su alma como si no, especialmente cuando los actos de crueldad y los comportamientos mezquinos indican que el ego se está deshaciendo con rapidez.

Del mismo modo, *no* presenta ningún beneficio espiritual permanecer en un entorno como el saco de boxeo mental, emocional, físico o energético de alguien. Tanto si te sientes llamado a resolver las cosas como si lo eres a dejar una situación abusiva, el alma está más interesada en responder a los demás con nobleza y respeto, sea cual sea la decisión que se deba tomar. Desde la perspectiva del alma, la vida viene a ser una aventura cósmica centrada en la incógnita de cómo responderemos a las situaciones. Podemos resolver esta incógnita expresando, deliberadamente, un mayor respeto. Aunque es posible que no aprobemos la forma en que habla o actúa una determinada persona mientras está sufriendo las turbulencias derivadas de su crecimiento interior, siempre podemos respetar el hecho de que han puesto a ese individuo en nuestro camino por una razón muy importante.

### Para cultivar la vibración del respeto, reflexiona sobre la sabiduría contenida en las preguntas siguientes:

¿Y si respeto la divinidad de los demás, tanto si reconocen la mía como si no?

¿Y si me atrevo a honrar mi propia divinidad, en lugar de esperar a que los demás vean mi luz?

¿Y si no tengo que respetar los actos inconscientes de los demás para honrar su alma?

¿Y si cualquier momento de falta de respeto es una oportunidad para que me detenga y me respete a un nivel más profundo?

¿Muestran mis elecciones personales el respeto más profundo hacia mí mismo y hacia los demás?

¿En qué cambiaría mi vida si me tomase como una misión el hecho de incrementar a diario el respeto que siento por mí mismo? ¿Qué debería cambiar?

Cuando el respeto abre el camino, cada oportunidad de evolucionar esclarece el propósito más profundo de los encuentros personales. El hecho de que los personajes presentes en nuestra realidad desempeñen o no los papeles más favorables no puede impedir que el alma se expanda con cada interacción.

## EL SEGUNDO COMPONENTE DE *RAW*: *ACKNOWLEDGEMENT* 'RECONOCIMIENTO'

El respeto es la actividad del reconocimiento.

Cuando cultivamos la luz respondiendo con mayor respeto, podemos descubrir que es casi imposible honrar la vida sin la voluntad de reconocerla. Esta es la razón por la cual el *reconocimiento* (*acknowledgement*) es el segundo aspecto de *RAW*. El reconocimiento es la actividad concreta del respeto que se atreve a otorgar a cualquier cosa el derecho a ser, incluso cuando dicha cosa (persona, circunstancia, acontecimiento...) se muestra de maneras que el ego siente como dolorosas, frustrantes o molestas.

Cuando los demás nos tratan con falta de respeto, esto nos brinda la oportunidad de reconocer el dolor, el

estrés, la actitud defensiva, la tristeza y la ira como los in-
dicadores de que se está produciendo una sanación profunda. Tanto si nos cortan el paso conductores que tienen
prisa como si nos critica algún familiar, o incluso nos trai-
ciona un ser querido, es sorprendente observar que tiene
lugar una expansión progresiva en nuestra vida. Esta expansión se da incluso en la vida de los individuos que ni siquiera saben que están embarcados en un viaje espiritual.
Si bien es común creer que las experiencias místicas solo
les suceden a aquellos que están interesados en estos temas, la aventura espiritual moderna nos da la oportunidad
de encontrarles sentido a las experiencias profundamente
transformadoras que se presentan disfrazadas de las vicisitudes de la vida. Como seres humanos, estamos parti-
cipando activamente en la expansión del alma, aunque la
mayor parte de esta expansión consista en el período de
latencia en que el alma se está incubando como ego.

Dado que la conciencia (*awareness*) es el primer componente en la ecuación *ARE*, muchos buscadores quieren
ayudar a aquellos que actúan de formas poco respetuosas
a tomar conciencia de su comportamiento inconsciente. Aunque es importante que nos defendamos cada vez
que sintamos que tenemos que hacerlo, la necesidad de
que los demás reconozcan sus errores de conducta tiene
el efecto, sin lugar a dudas, de que nuestro poder queda
supeditado a lo que ellos quieran hacer. En estos casos,
mantenemos una negociación codependiente con el ego
de la otra persona, esperando a que ella vea la luz antes de
que nuestra experiencia pueda cambiar.

## Solo nosotros podemos reconocer

¿Y si todo lo que ocurre en la realidad solamente es creado para que podamos reconocerlo? ¿Y si las personas solo actúan como lo hacen para ayudarnos a volvernos más compasivos, empáticos y perceptivos hacia los demás?

Cuando alguien actúa de manera irrespetuosa, su alma está tratando de comunicar que está sometida a una gran presión como consecuencia de su evolución. Está experimentando una expansión que la persona, tal vez, ni siquiera sabe que se está produciendo. Cada vez que se manifiesta una falta de respeto, el alma está pidiendo espacio para no distraerse más de la transformación en curso. Es como si cualquier grado de falta de respeto fuese una manera torpe en que el alma se disculpa por no poder manifestarse tal como el otro seguramente habría deseado.

Si nos lastima un compañero de trabajo, un amigo, un vecino o un ser querido, podemos reconocer que el comportamiento irrespetuoso es la forma en que su alma solicita una mayor distancia física para dedicar más tiempo a la finalidad de llegar a conocerse más allá de los límites del ego.

Si alguien tiene la intención de interactuar de una manera que sea mutuamente beneficiosa para la evolución de ambas almas, su conducta será abierta, honesta y respetuosa. Si no puede comunicarse respetuosamente, su alma está pidiendo espacio físico, incluso si su ego no puede soportar la idea de estar separado.

Cuando alguien se manifiesta más distraído o provocado por nuestra luz que aliviado y expandido por ella, su

TODO ESTÁ AQUÍ PARA AYUDARTE

comportamiento deshonesto o irrespetuoso nos permite saber cuánto espacio requiere. Y si este patrón se reproduce de manera regular, ello puede ser indicativo de que esa relación ha dado de sí todo lo que tenía por dar; en tal caso, lo único beneficioso para la evolución de ambas almas es que cada una siga su propio camino.

Esta es una forma mucho más potente de relacionarse que la del viejo paradigma consistente en orbitar alrededor del comportamiento abusivo de alguien en un intento de «aceptar al otro tal como es». Cuando estamos asentados en la conciencia del alma que es el reconocimiento, los demás pueden beneficiarse de nuestra vibración cuando son capaces de actuar con respeto. Si hay ideas y respuestas dentro de nosotros que son fundamentales para su viaje, harán unas preguntas que inspirarán la manifestación de esta sabiduría, y sabremos que ese era exactamente el regalo que les podíamos ofrecer. En cambio, si no nos hacen preguntas que inspiren nuestra sabiduría más profunda, su alma nos está informando de que aunque tengamos mucho por compartir, es posible que estas personas no estén preparadas para recibir nuevas ideas, conceptos o puntos de vista, o que no dispongan del espacio mental que les permita asumir algo de todo esto.

Aunque ardas en deseos de decirle a alguien una verdad que podría mejorar sus experiencias, los demás solo están listos para recibir estos mensajes potencialmente transformadores cuando permanecen abiertos a una comprensión más profunda, lo cual se revela a través de las preguntas que están dispuestos a hacer.

Tanto si los demás están abiertos como si tienen la mente cerrada, podemos ayudarlos en su viaje evolutivo en cualquier caso. Con este fin, debemos elegir ser una fuente de consuelo emocional en el curso de los altibajos de la vida que experimentan los demás. Desde este espacio nos damos cuenta de que, en la mayoría de los casos, las personas necesitan más apoyo emocional y aliento que información para procesar. En el viejo paradigma se cree que podemos ayudarnos más a nosotros mismos y que podemos ayudar más a los otros haciendo más. En el nuevo paradigma espiritual, mostramos el camino con el respeto, mientras permanecemos anclados en la simplicidad del reconocimiento. Nos mantenemos abiertos a las señales que nos ofrecen los demás para sostener un espacio consciente favorable a su sanación, sin necesidad de extendernos demasiado o de prolongar durante demasiado tiempo nuestra acogida.

## Para ayudarte a activar el poder del reconocimiento, reflexiona sobre la sabiduría contenida en las preguntas siguientes:

¿Estoy suponiendo cuáles son las necesidades que tengo y las que tienen los demás o estoy reconociendo las señales?

¿Puedo reconocer mi propia necesidad de espacio personal cada vez que respondo con falta de respeto?

¿Estoy dispuesto a ofrecer espacio a los demás cuando me faltan al respeto?

¿Qué estoy dispuesto a reconocer en este momento que he pasado por alto o evitado a lo largo de mi vida?

¿Estoy efectuando alguna elección que no respete mi propia integridad o la de otras personas?

A través del poder del reconocimiento, puedes descifrar todas las señales que te manda el universo de forma apacible y con facilidad y alegría. A medida que vamos adoptando el segundo atributo del alma de manera regular, la crueldad y la naturaleza despiadada de los actos de otras personas pasan a ofrecernos una retroalimentación que es fundamental para orientarnos en nuestro viaje.

## EL TERCER COMPONENTE DE *RAW*: WELCOME 'ACOGER'

La ley absoluta del amor (*Absolute Law of Love*, ALL) es que la apertura nunca excluye (*Openness Never Excludes*, ONE). Como sugiere el acrónimo ALL ONE 'todo (es) Uno', todo puede ser honrado como creación de la Fuente cuando la vida se contempla desde la perspectiva del alma. Aunque algunos crean que el hecho de ofrecer espacio personal a quienes actúan de manera irrespetuosa transmite rechazo o exclusión, es fundamental que nos mantengamos siempre firmes en la verdad amorosa de nuestra esencia divina.

Esto significa que podemos celebrar la luz en todas las personas a la vez que podemos discernir cuándo nuestra presencia es o no lo mejor para la evolución de un individuo dado. Proporcionar espacio personal de forma temporal o permanente es solo un tipo de rechazo para el ego, que se alimenta de la aprobación que le ofrecen determinados individuos. Es posible que el espacio personal no sea el regalo que nosotros mismos deseemos o que el otro desee, pero puede ser justamente la medicina que necesitan las almas implicadas en favor de su crecimiento interior más profundo. Esto puede aplicarse a las relaciones entre compañeros, entre amigos e incluso entre familiares: reconocer la necesidad de espacio como un regalo de soledad en lugar de verla como una maldición de rechazo puede liberar a ambas almas y hacerlas avanzar hacia el cumplimiento de su destino más elevado.

Por esta razón, la capacidad de acoger (*welcome*) la vida exactamente tal como se presente es el tercer aspecto de *RAW*. Para ofrecer un mayor enfoque a la perspectiva del alma, recibimos las acciones de la vida con honestidad y un gran respeto.

Cuando lideramos con el atributo de la acogida o bienvenida, honramos todo lo creado como una expresión de la Fuente, sabiendo que cada persona está embarcada en un viaje único a través del tiempo y el espacio. Cuando acogemos en este sentido, somos conscientes de que los demás están ubicados en nuestra realidad en favor de la evolución de nuestra alma, tanto si desempeñan el papel que queremos como si no.

Independientemente de lo mucho o poco que una persona dada pueda encontrarse contigo en el mismo espacio abierto que ofreces, al avanzar con una perspectiva acogedora invitas a que los regalos de cada momento sean reconocidos con sincero respeto.

---

**Para inspirar el atributo de la acogida, reflexiona sobre la sabiduría contenida en las preguntas siguientes:**

¿Puedo recibir la vida abiertamente con independencia del aspecto con el que se presente?

¿Soy consciente de los beneficios espirituales que ofrece cada encuentro incluso cuando hiere, incomoda o frustra a mi ego?

¿Cómo cambia mi experiencia de los pensamientos, los sentimientos, el mundo y los demás cuando elijo acogerlo todo?

¿Qué nuevas elecciones empoderadas estoy dispuesto a acoger en mi vida por el bien de la evolución de mi alma?

---

Por el solo hecho de darle la bienvenida a cada momento estamos invitando a que los beneficios evolutivos de cada encuentro ayuden a poner fin a la guerra (*WAR*) interior. La guerra se define como una invasión o como un conflicto entre dos bandos opuestos. Si cualquiera de los bandos es bienvenido en lugar de repelido, no hay ningún conflicto por resolver.

## DESHACER LA GUERRA (*WAR*) POR MEDIO DE LOS ATRIBUTOS NATURALES (*RAW*) DEL ALMA

La forma de impulsar el viaje del alma no es pasar el tiempo ocultos bajo un microscopio espiritual juzgándonos y criticándonos a nosotros mismos, sino centrarnos en cultivar unas vibraciones más elevadas, de luz. El modo de hacer esto es transformar la manera en que nos respondemos y respondemos a los demás; así, suavizamos las aristas del ego y lo ayudamos a regresar a la Fuente.

Insisto en que no se trata de que nos despojemos del ego, sino de que nos demos cuenta de que la Fuente que el ego debe encontrar es la chispa de la divinidad que mora en nuestro interior. Vamos acabando con la guerra (*WAR*) interior cuando nos atrevemos a ser naturales (*RAW*), es decir, profundamente auténticos, compasivos y amorosos, a cada momento. Se trata de que nos permitamos vivir los distintos momentos, uno tras otro, a partir de esta inspiración.

Desde este espacio, la ley absoluta del amor revela que la verdad de nuestra Fuente infinita es que acoge todas las manifestaciones de la vida como expresiones de la Luz.

*Absolute **L**aw (of) **L**ove* 'la ley absoluta (del) amor' = ***ALL*** 'todo'

**I**nfinite **S**ource 'Fuente infinita' = ***IS*** 'está'

*Welcomes Each Life (as) Light* 'acoge (todas las manifestaciones de) la Vida como (expresiones de) la Luz' = *WELL* 'bien'

*ALL IS WELL* 'todo está bien'.

---

**Para ayudarte a incorporar la percepción de que todo está bien (*ALL IS WELL*), reflexiona sobre la sabiduría contenida en la declaración siguiente o léela en voz alta:**

Acepto que mi viaje espiritual no consiste en escudriñarme bajo un microscopio espiritual, sino en permitir deliberadamente que las cualidades innatas más elevadas de mi alma brillen en mí con mayor constancia y con mayor intención por mi parte. Hago esto al respetar la divinidad presente en los demás, al reconocer las señales que me indican cuál es la mejor manera de apoyar el viaje único de sanación de cada persona y de acoger las circunstancias que inspiran mi expansión más profunda, tanto si son acordes con mis deseos como si no.

Sabiendo que esto es así, permito que todas las cualidades naturales (*RAW*) de los atributos más elevados del alma se activen dentro de mí e irradien para el bienestar de todos. A partir de este momento, estoy arraigado de forma natural en el entusiasmo de cada regalo que he venido a ofrecer. No tengo que tener miedo de lo que los demás puedan quitarme o negarle a mi corazón. Estoy aquí por una razón. Existo con un propósito. Vine aquí para ser relevante de algún modo. Así es.

A medida que vamos adoptando las cualidades naturales o primarias (*RAW*) de los atributos más elevados de nuestra alma, vamos viendo que todo está aquí para ayudarnos a crecer, expandirnos y evolucionar, incluso cuando algunas personas y circunstancias parecen ser, inicialmente, obstáculos en nuestro camino.

# CAPÍTULO 3

# DE QUÉ
# FORMA NOS
# AYUDA TODO

A medida que vamos experimentando la realidad de que todo está bien (*ALL IS WELL*), vamos desarrollando el instinto de respetar, reconocer y acoger todo presunto enemigo u obstáculo en cuanto son, realmente, aliados encubiertos. Mientras que el ego solo es capaz de recibir bien a las personas, los lugares y las cosas que satisfacen sus deseos, el alma ve la realidad desde un punto de vista que está más allá de las nociones de dolor y placer. Debido a que el ego es el alma en sus etapas de evolución más latentes, está condicionado a responder inconscientemente a la realidad a través de juicios basados en la polaridad. Esto significa que se siente atraído por una cosa como una forma de evitar otra.

Por ejemplo, el ego a menudo desea la emoción de ganar como una manera de evitar perder. Puede anhelar el placer de una relación para evitar el dolor de la soledad. Tal vez busque más ganancias personales para llenar el vacío inspirado por la pérdida. Quizá desee una mayor salud como una forma de evitar una enfermedad potencial o incluso buscar prácticas espirituales o modalidades de sanación para ahuyentar sus preocupaciones.

Es natural que prefiramos no experimentar dolor, pero cuando estamos asentados en el brillo de nuestra alma, podemos reconocerlo como un indicio de evolución espiritual. Esto no significa que siempre debamos sentir dolor para crecer, ni tenemos que imaginar el dolor como un obstáculo que nos impida experimentar el placer más profundo. Cuando aparece cualquier incomodidad, el hecho de responder desde el corazón constituye una gran oportunidad de cultivar frecuencias de luz más elevadas. Si nos centramos en responder de forma noble y amorosa a cualquier experiencia, nos estamos permitiendo ver la vida desde la perspectiva del alma.

## LA NATURALEZA DE LA ADVERSIDAD

Para que se revele el aliado espiritual que está oculto tras el aspecto de cada enemigo, obstáculo o barrera, es importante comprender el propósito de la adversidad y el papel que tiene en nuestro viaje.

Si bien la adversidad parece ser un rito de iniciación por el que tiene que pasar todo el mundo en el transcurso de la vida, puede ser un concepto difícil de comprender, debido a que todo tipo de adversidad depende del punto de vista de quien la experimenta. Algo que le puede parecer cruel e intolerable a un individuo puede no ser más que una secuencia pasajera de circunstancias inesperadas para otro, según lo arraigado en la guerra (*WAR*) o lo alineado con lo natural (*RAW*) que esté cada uno.

Independientemente de lo dolorosa que sea una circunstancia dada, y de si nos provoca una reacción de lucha, huida o paralización, la adversidad es una interpretación del ego creada en respuesta a cambios inesperados en el entorno interno o externo. Si bien el ego es capaz de aceptar los cambios que suponen la satisfacción de todas sus exigencias, no está equipado con las habilidades de afrontamiento ni la sabiduría práctica que le permitan ver todos los resultados con una visión amplia. En cambio, y a diferencia del ego, el alma es capaz de permanecer fiel a su experiencia. Reconoce de manera natural los regalos evolutivos que le llegan, a menudo dentro del envoltorio más inesperado.

Para el alma, pueden producirse cambios inesperados o indeseables sin que ello prenda la mecha del conflicto interno. Esto se debe a que el alma comprende la naturaleza de la evolución; entiende que obedece a las leyes de la alquimia. Y así como los objetos sólidos pueden fundirse en estados líquidos o vaporosos al aplicarles calor, una de las formas más eficientes de transformar el ego en alma es sobrevivir al fuego de la adversidad.

Dado que los regalos de adversidad que recibimos en cada etapa de nuestro viaje benefician exclusivamente a la conciencia que mora en nuestro interior, solo el alma puede acoger bien este proceso. A medida que la luz de la divinidad se va expandiendo y asentando en nuestro cuerpo, acabamos por llegar a un estado tan trascendente que la evolución puede proseguir sin que haya necesidad de que el fuego de la adversidad siga ardiendo. Por increíble que parezca, cuando estamos arraigados en el brillo del alma puede tener lugar un gran crecimiento espiritual sin que sea necesario que el dolor, el estrés o la adversidad aparezcan en escena. Sin embargo, durante muchas vidas, el ego ha estado tratando de aprovechar el poder del universo a través de varios caminos místicos en un intento por evitar los encuentros que inspiran más avances.

Esto significa que el viaje espiritual no consiste en hacer que nuestro ego sea más educado o poderoso, sino en alinearnos con el alma, para que el ego pueda integrarse de una vez por todas. Todo está aquí para ayudarte a pasar del ego al alma, tanto si reconoces de qué manera lo está haciendo como si no puedes entenderlo. Esta visión ayuda a transformar la realidad, desde la percepción densa de la materia sólida hasta la vasta luz que inicialmente requiere el calor de la adversidad para inspirar el punto de fusión adecuado.

Incluso cuando parece que los personajes que aparecen a lo largo de nuestra vida conspiran contra nosotros, es la gracia del universo, personificada como los actos de cada persona, lo que crea las circunstancias, los resultados y los entornos precisos que garantizarán nuestra gran victoria.

En última instancia, es nuestra voluntad de respetar, reconocer y acoger el misterio de cada momento lo que permite que la expansión se despliegue con facilidad. Por más que podamos anhelar que nuestras circunstancias sean otras, tradicionalmente el paso del ego al alma se ha producido descubriendo al aliado oculto en cada enemigo. Incluso si no eres consciente de los regalos que se te están concediendo, puedes descubrir tu potencial natural (*RAW*) asumiendo la sabiduría de que *todo* está aquí para ayudarte. Cuando lo logres, no hará falta que sigas buscando más preocupaciones, anticipaciones y quejas con las que acabar.

## LOS ENEMIGOS COMO ALIADOS ESPIRITUALES

Cuando surge la adversidad, se interrumpe el ritmo condicionado de nuestro patrón inconsciente. Es por esto por lo que solo el ego puede ver la adversidad como un enemigo; el ego no tiene la capacidad de sobrevivir fuera del ámbito de la incubación. Pero, de hecho, todo presunto enemigo es un aliado espiritual camuflado.

Explorar la realidad fuera del ámbito del condicionamiento humano es muy parecido a adaptarse a la vida a una mayor altitud. Así como el cuerpo necesita tiempo y atenciones para aprender a respirar cuando dispone de menos aire, nuestra conciencia pasa por un período de adaptación similar cuando aprendemos a vivir desde dimensiones de percepción más elevadas.

Cuando se interrumpen los patrones inconscientes, se nos ofrece espacio respecto del ego para que podamos adaptarnos a una perspectiva espiritual más amplia. Pero los cambios inesperados que conllevan estrés, que traen un conflicto o que suponen una adversidad a menudo suscitan respuestas de miedo al principio, porque nos hemos pasado la mayor parte de la vida viendo esta desde la perspectiva del ego. Podemos sentirnos impactados, confusos e incluso intimidados cuando los cambios inesperados nos llevan a vivir experiencias ajenas al ámbito de nuestras creencias o puntos de referencia conocidos. Cuando vivimos aliviados por los patrones de condicionamiento que nos resultan más familiares, la inevitabilidad del cambio puede convertirse rápidamente en un enemigo que hemos de eludir. Sin embargo, cuando nos abrimos a la comprensión de que la vida es algo más que una lucha sostenida entre el placer y el dolor, podemos descubrir qué bella es fuera del ámbito del ego, por más frustrante, molesta, impactante o dolorosa que parezca cada adversidad.

Para que podamos asumir verdaderamente la idea de que todo está aquí para ayudarnos, es importante que examinemos esta verdad en los momentos en los que experimentamos un malestar más profundo.

## EL REGALO DE LA PÉRDIDA

Aunque el ego suele percibir la pérdida como una fatalidad inminente, la inevitabilidad del cambio solo puede quitarle a la vida aquello que va a dejar espacio para el surgimiento de algo nuevo. Independientemente de la cantidad de tiempo que parezca haber entre las pérdidas y las ganancias, el propósito de la pérdida es despojar al ego de cualquier falsa sensación de poder que pudiese albergar, para ayudarlo a diluirse. Si bien el ego insiste en tener la capacidad de regresar a la luz voluntariamente, solo lo haría bajo unos términos y condiciones tan específicos que se mantendría completamente intacto.

Dado que la luz de la energía de la Fuente es de naturaleza vacía o carente de forma, el ego debe ser desprovisto de su estructura definida, es decir, debe disolverse, para que pueda unirse de nuevo a la Fuente como vibración, ya que es incapaz de hacerlo como forma. Esto significa que la disolución del ego no puede tener lugar en el momento y de la manera que este preferiría. En lugar de ello, son los momentos espontáneos en los que se producen cambios o pérdidas inesperados los que abonan el terreno de la expansión espiritual. Ciertamente, no nos tiene que gustar lo que sentimos cuando las cosas que definen nuestro sentimiento de valía, nuestro sentido de propósito o nuestra sensación de seguridad desaparecen delante de nuestros ojos. Y, sin embargo, la pérdida y el cambio pueden respetarse como ritos iniciáticos espirituales, en lugar de considerarse desgracias crueles e injustificadas.

## ¿PARA QUÉ SIRVE EL MIEDO?

Incluso algo tan debilitante como el miedo está aquí para ayudarnos. Si bien es habitual percibirlo como un gran obstáculo para la liberación, su razón de ser obedece a un propósito profundo. El miedo actúa como un aspecto de la intuición, aunque se reduce a estados de preocupación compulsiva cuando el alma se está incubando en el ego. Así como muchas personas se alejan de un peligro al obedecer a su instinto, el miedo es a menudo una señal que indica que haremos bien en prepararnos. Por medio de él se nos informa de que está a punto de llegar un momento inesperado de mayor expansión.

Durante los momentos de miedo, llega una señal procedente del universo que le comunica al ego que, sea cual sea la situación que le ha producido un sentimiento tan espantoso, esa situación es un momento en el tiempo en que el ego se deshará aún más afrontando cierto grado de frustración o incomodidad, o algún cambio o pérdida.

Debido a que cada momento de nuestro viaje tiene lugar en un espacio de libre albedrío, siempre tenemos derecho a decir lo siguiente:

> Gracias, universo, por la señal de miedo que me mandas en respuesta a cualquier elección potencial o situación dada. Entiendo que, en lugar de que todo va a desarrollarse según mis deseos de principio a fin, el miedo me hace saber que puedo tener que afrontar inconvenientes, frustraciones o amenazas de pérdida y cambios inesperados como parte de mi evolución. Me tomaré un tiempo para considerar si estoy preparado para un momento de crecimiento tan espontáneo, sabiendo que si elijo no pasar por esto que temo, deberé afrontarlo en una fecha posterior. Gracias, universo, por esta oportunidad de comunicarnos y cooperar.

Si bien la inevitabilidad de los inconvenientes, la frustración, la pérdida y el cambio sirven para deshacer el ego, si vemos el miedo como un aspecto de la intuición podemos tomar decisiones más empoderadas, sepamos o no cómo se supone que van a desarrollarse los acontecimientos.

Puede haber días en los que aceptemos con confianza y entusiasmo los desafíos personales que van a implicar una expansión de nuestra alma. También puede haber ocasiones en las que no estemos tan entusiasmados para celebrar el aprendizaje de otra lección de vida y deseemos disponer de algo de espacio para avanzar tranquilos. Si la expansión del alma es nuestro trabajo cósmico, decidir no aventurarnos en la dirección del miedo es como llamar a la oficina y comunicar que vamos a tomarnos un día libre para asuntos personales. Es posible que no podamos evitar permanentemente la bendición del cambio, pero ciertamente podemos aprender a trabajar con el universo para asegurarnos de contar con su apoyo en el curso de nuestra evolución.

## LA SABIDURÍA DE LA IRA

Dado que muchos traumas del pasado son motivados por la expresión inconsciente de la ira, es natural que nos reprimamos cuando se desencadena esta emoción, ya sea por temor a las represalias de los demás o al daño que les podemos hacer a otros. Pero la ira es uno de nuestros mejores aliados cuando la reconocemos y recibimos como una ayudante encubierta.

Desde el punto de vista del ego, la ira es una reacción frente al hecho de vernos perjudicados o rechazados. Debido a que el ego se encuentra en un estado de incubación inconsciente, percibe rechazos o malos comportamientos siempre que las cosas no van como querría. Cuando nuestra conciencia se expande, nos damos cuenta de que incluso cuando las circunstancias no parecen corresponderse con nuestros deseos más profundos ello no es necesariamente indicativo de que se haya producido ninguna injusticia.

Desde la perspectiva del alma, no se debe culpar a ningún personaje por los resultados que se obtienen o incluso por las emociones que se activan. Dado que la aspiración más profunda del alma es responder desde su conciencia más alta, por más injustas que parezcan ser las situaciones es esencial hacer las paces con la ira, para que se convierta en la aliada que siempre debió ser.

Cuando la ira es nuestra aliada, ejerce de guardiana de nuestro campo energético. Así como el miedo es una forma que tiene el universo de prepararnos para los inminentes momentos de disolución, la ira actúa como protectora de nuestra naturaleza inocente. Da un paso adelante como un guardián intrépido cuando las circunstancias que inspiran nuestra expansión más profunda se vuelven demasiado abrumadoras para que podamos procesarlas. Dado que la falta de respeto es la actividad de la ira en su forma más inconsciente, también nos ofrece una información vital respecto a nuestras experiencias con los demás.

Tanto si nos tratan irrespetuosamente como si sentimos oleadas de furia personal, la sabiduría de la ira nos comunica que necesitamos liberar más espacio para las expansiones que se están produciendo.

Sea cual sea el grado de beneficio que creemos que podemos ofrecer a los demás, cuando la ira está presente, el guardián de su campo energético está ofreciendo una retroalimentación vital. Esto significa que el regalo de espacio que la ira nos invita a ofrecer a otra persona es exactamente el mismo regalo que se nos insta a recibir para la transformación que necesitamos experimentar en nuestro viaje.

Cuando estamos en el ego, es habitual que nos relacionemos con los demás sobre la base de la búsqueda de aprobación personal constante, en lugar de implicarnos en la danza de la verdadera intimidad emocional que solo el alma puede «bailar». A partir de los patrones del condicionamiento humano, las interacciones personales a menudo se utilizan para llenar espacios de carencia emocional, lo cual no da lugar a más que a un aumento del hambre y la desesperación.

Cuando las relaciones se crean a partir del ego, es más probable que sean marañas de codependencia y victimismo que vínculos significativos y relaciones íntimas. En una relación codependiente, es común enfocarse más en aquello que deseamos de los demás que en reconocer los dones que cada uno de nosotros hemos traído para compartir.

Cuando pasamos del ego al alma, la ira se convierte en un aliado de la conciencia para ayudar a transformar cada relación en la vibración más alta de realización perpetua. Si bien no se puede garantizar que una relación dure para siempre, podemos encariñarnos perpetuamente con las aportaciones que la llenan, con independencia de lo que dure la conexión.

Con la ira como aliado, podemos saber cuándo es necesario darnos espacio a nosotros mismos o dárselo a otra persona. Cuando reconocemos la sabiduría de la ira, podemos reconocer la respuesta insensible, el comportamiento irrespetuoso o la actitud defensiva de alguien como una señal de que está procesando una expansión que ha abrumado su inocencia.

Mientras que el ego insiste en rescatar a alguien de sus experiencias, el alma ofrece espacio para que ese alguien procese sus sentimientos, y permanece abierta al vínculo, una vez que se ha ofrecido la invitación correspondiente.

Tanto si aparece en respuesta a determinados acontecimientos mundiales como si lo hace en el contexto de una discusión acalorada, la sabiduría de la ira nos recuerda que en esos momentos nuestra inocencia está demasiado abrumada por las profundidades de la evolución espiritual como para tener la capacidad de participar en ella conscientemente. Si nos estamos relacionando con un ego, es probable que nos acorrale en un rincón metafórico y nos presione para obtener respuestas sin tener en cuenta cómo nos hace sentir esto. Si nos estamos relacionando con un alma, podemos hablar con franqueza y autenticidad de cualquier diferencia que haya podido surgir. Si se presenta la ira en cualquiera de los dos corazones, pueden interrumpir la conversación para que cada uno atienda sus propios sentimientos; una vez que la ira se ha ido, pueden retomar la discusión.

En esencia, las personas, los lugares y las cosas no nos enojan. Nuestra ira se debe al espacio que no sabemos proporcionar cuando las relaciones están más centradas en aquello que podemos obtener de los demás que en la belleza de compartir con aquellos a quienes amamos.

## CÓMO NOS PUEDE AYUDAR EL JUICIO

¿Y si pensáramos que el juicio es otra manifestación de la intuición?

Desde la perspectiva del ego, los juicios son las críticas que separan nuestro corazón de aquellos que parecen ajenos a nuestras percepciones de la realidad. Cuando nos estamos incubando en el ego, los juicios son ataques mentales o verbales contra la amenaza del cambio, ya sea que surjan como calumnias, racismo, estereotipos, cosificación sexual o la ridiculización del estilo de vida de otras personas.

El destino del ego es deshacerse; por lo tanto, vive en un estado tan frágil que estar en presencia de alguien que piensa, actúa, habla o parece diferente tiene el potencial de inspirarle una actitud muy defensiva. En cambio, cuando estamos arraigados en el brillo del alma, respetamos a todos los seres como expresiones singulares de la Fuente única y eterna. Por más diferente que parezca alguien, aceptamos de forma natural que cada persona está siendo guiada en su propio camino para tener las experiencias que le sean útiles para su crecimiento. Aunque el alma, de forma natural, acoge los mismos cambios que el ego combate a cada paso, aún tiene por delante un viaje de crecimiento. Un ejemplo de ello es que puede reconocer que todo juicio encubre una intuición.

Si todo está aquí para ayudarnos, el juicio también debe ser útil en cierta medida. Incluso cuando tiene el aspecto de una crítica severa hacia nosotros mismos u otras personas, una vida marcada por un dolor insoportable se convierte en el viaje de una revelación majestuosa cuando aprendemos a descifrar cada mensaje intuitivo.

El alma es tan sensible a las experiencias de los demás que a menudo malinterpreta sus capacidades hiperempáticas como juicios personales. Cuando se perciben plenamente, los escollos del ego revelan el gran poder sanador que tiene el alma que está despertando.

Aquí tienes un ejemplo perfecto: hace muchos años estaba haciendo cola en la tienda de comestibles, y el individuo que tenía delante era de una etnia diferente. Mientras estaba detrás de él, comencé a escuchar en mi cabeza las palabras y frases más terriblemente irrespetuosas. ¡Durante una fracción de segundo, pensé que mi mente se había vuelto espontáneamente racista!

Esto me alarmó, porque crecí siendo alguien que defendía a los demás contra los acosadores y siempre di la cara por los niños que eran discriminados por su origen étnico. No toleraba ningún tipo de insulto, por más que aquellos a los que llamaba la atención por esos actos se apresurasen a afirmar que estaban bromeando.

Cada vez que un nuevo alumno llegaba a mi escuela desde otro país, yo era un comité de bienvenida compuesto por un solo niño. Crecí con un amplio abanico de amigos de muchos orígenes étnicos y me encantaba conocer culturas que parecían muy diferentes de aquella en la que me estaba criando. Así que puedes imaginar lo confuso que me sentí al escuchar esas palabras en mi cabeza, aunque no me identificase conscientemente con ninguna de ellas. Durante ese discurso interior, empecé a sentir cómo capas de discriminación se deshacían y salían de mi campo energético. Es posible que esa persona de la tienda de comestibles no estuviese abierta a ningún tipo de sanación, y esa fue, tal vez, la razón por la cual el universo me la puso delante. Cuando sentí que cada capa se desprendía, me sentí aliviado al saber que cada uno de esos pensamientos racistas no los estaba albergando yo. Fui consciente de que mi campo energético estaba expulsando unas improntas ancestrales.

Cuando tiene lugar algún grado de incubación en nuestro campo energético, los pensamientos que tenemos y los sentimientos que experimentamos suelen traducirse como juicios hacia nosotros mismos u otras personas. A medida que se va disolviendo la incubación, el alma, brillante, va tomando conciencia de su verdadero poder como sanadora, despertadora y transformadora de la realidad. Aunque es habitual que esta sanación se produzca en la consulta de un terapeuta, la mayor parte del trabajo de sanación profunda tiene lugar espontáneamente en el contexto de cada interacción personal.

En lugar de juzgar cada pensamiento como si se nos ocurriera, ¿por qué no estar abiertos a la posibilidad de que cada idea, creencia o pensamiento limitante sea una capa del inconsciente colectivo que estamos sanando para el bienestar de todos?

Dentro del viejo paradigma espiritual, puede ser bastante confuso experimentar tales pensamientos negativos, especialmente si creemos que nuestros pensamientos tienen alguna influencia sobre lo que ocurre en la realidad.

Considera la posibilidad de que los pensamientos no creen la realidad, puesto que toda la realidad ya existe antes de estos. Cuando nacimos, no esperamos a que apareciera la realidad. Se nos recibió en un mundo que ya había sido creado y que estaba esperando nuestra llegada. Si bien hay una multiplicidad de opciones entre las que elegir, los pensamientos no determinan qué sucede o qué deja de suceder.

Esto se debe a que los resultados que se despliegan como el destino se crean antes de cada encarnación humana. Si bien los pensamientos pueden determinar la calidad de la experiencia, ya sea desde el punto de vista del ego o la perspectiva del alma, no tenemos que proyectar juicios o supersticiones a unas experiencias que no hacen más que confirmar que nuestro campo energético está despejando los desechos emocionales de la persona a la que estamos viendo en ese momento.

Incluso cuando sentimos que estamos juzgando a alguien, es probable que esté teniendo lugar una experiencia mucho más profunda: principalmente, los juicios que escuchamos son los insultos que otros han proyectado sobre esa persona o la conclusión a la que esta ha llegado. Y aquí estamos, como trabajadores de la luz en forma humana, limpiando capas emocionales de su campo; para ello, basta con que estemos en su presencia. Cuando estos juicios contienen un sentimiento de aversión o disgusto hacia alguien, lo que está ocurriendo es que la sabiduría del alma nos está mandando un mensaje importante. Dado que tendemos a igualar nuestra vibración con la de aquellos con quienes pasamos más tiempo, los sentimientos de aversión son una manera que tiene nuestra guía interior de recordarnos que estamos eligiendo pasar tiempo con alguien cuya energía puede agotarnos en lugar de elevarnos.

Esto puede ser bastante confuso para un alma en evolución y energéticamente sensible que siempre anhela contribuir a la sanación de los demás y respaldar a los desvalidos. Visto con los ojos del universo, aquellos a quienes se supone que debemos sanar nos hacen sentir estimulados en lugar de agotados. Y cuando las sensaciones estimulantes se convierten, de repente, en fatiga, el universo nos está sugiriendo que hemos compartido suficiente espacio con esa persona por el momento. El universo nos recuerda que sería más adecuado para nosotros descansar e integrar el intercambio que se ha producido que intentar superar ese límite energético.

Al igual que nosotros estamos limpiando los campos energéticos de los demás, los campos energéticos de los demás están haciendo lo mismo por nosotros. Mientras que las sanaciones tienen lugar en un momento, la energía que se está eliminando tiende a permanecer en el campo del sanador cuando esto se percibe desde el punto de vista del ego.

A medida que vamos empezando a ver la vida desde la perspectiva del alma, llegamos a comprender que tenemos unas habilidades sanadoras inherentes que se deshacen de las capas de escombros emocionales que están listos para ser expulsados. El solo hecho de saber que se está produciendo esta sanación puede hacer que proyectemos menos juicios sobre nuestros propios sentimientos. Esto permite que los residuos que estamos limpiando regresen a la Fuente en lugar de que se añadan a nuestro condicionamiento. Cuando estamos dormidos en el ego, tomamos la energía de otras personas sin saberlo; pero cuando estamos arraigados en el alma, sentimos que nuestro campo energético está limpiando capas de emociones de quienes nos rodean.

## EL BENEFICIO DE PENSAR DEMASIADO

Así como el ego puede ser respetado por ser el alma en sus etapas de expansión más latentes, la mente no es un enemigo al que oponerse, sino un aliado al que acoger. Si bien la experiencia de una mente que piensa demasiado puede ser bastante molesta y puede resultar frustrante lidiar con ella, esto ocurre siempre con un propósito mayor. Por más ruidosa o implacable que parezca, también la mente que piensa demasiado está aquí para ayudarnos.

La actividad de la mente refleja el grado en que tiende a estar abierto o cerrado el corazón. Cuanto más le permitimos abrirse a nuestro corazón, menos le cuesta deshacerse al ego. Podemos pensar que la mente hiperactiva es como un despertador. Cada vez que nuestro corazón se cierra, ya sea porque estemos abrumados por la profundidad de la expansión que se produce en nuestro campo o debido a la cantidad de residuos de otras personas que estamos eliminando sin saberlo, nuestra mente nos informa haciendo ruido.

Una vez que sabemos que una mente ruidosa no es un obstáculo espiritual que hay que resolver sino una herramienta inteligente de transformación para nuestro beneficio evolutivo, podemos hacer las paces con cualquier grado de pensamiento excesivo. Una vez que eso sucede, nuestra relación con la mente se vuelve más respetuosa, lo cual permite que el corazón permanezca más abierto de forma natural.

Es curioso el hecho de que una vez que reconocemos cuál es el propósito profundo de la mente ruidosa, ello nos ayuda a estar tan centrados en el corazón que pasamos a no necesitar esta alarma.

Tanto si está inmersa en el victimismo como si está aligerando la carga de los campos energéticos de otras personas, la actividad de la mente muestra si estamos viendo la realidad desde un punto de vista consciente o inconsciente. Al reconocer y respetar el propósito profundo del pensamiento excesivo, ayudamos a liberar a la mente de la necesidad de hacer este ruido.

Desde este espacio, pasamos a estar tan arraigados en la conciencia centrada en el corazón que podemos elevar la vibración de los demás, en lugar de reducir nuestra energía para empatizar con el sufrimiento vinculado a sus percepciones.

## EL PROPÓSITO PROFUNDO DE LA TRISTEZA

La tristeza confirma cuáles son los momentos exactos en el tiempo en que el ego se disuelve. Si bien es posible que el ego se deshaga en un profundo momento de trascendencia, es mucho más habitual que se disuelva de nuevo en la Fuente de una manera más gradual. La tristeza es la respuesta del ego cuando la vida no satisface su lista insaciable de exigencias y deseos. Cada vez que el ego no se sale con la suya, o bien se enfurece o bien se sume en la tristeza. Y dado que el ego no es capaz de reconocer que cada defensa puede no ser más que una respuesta a la expansión del alma, cree firmemente que todo lo que siente se debe a que sus necesidades no se han visto satisfechas.

En realidad, cualquier suceso que inspire tristeza se está desarrollando de manera precisa con la única finalidad de crear más espacio para que brille el alma. En esencia, ningún tipo de suceso nos hace sentir de ninguna manera en particular, sino que nos sentimos exactamente como nos sentimos en respuesta directa a la expansión de nuestra alma. Además, una vez que nos damos cuenta de que los sentimientos que significan la expansión del alma representan igualmente los patrones que nuestros campos energéticos están eliminando de los demás, nos es más fácil permitir que los sentimientos pasen a través de nosotros de regreso a la Fuente.

Cuando, arraigados en el ego, creemos que estas experiencias son la razón por la que nos sentimos de la manera en que nos sentimos, la tristeza nos aprieta de forma insoportable. Sin embargo, cuando efectuamos la transición del ego al alma, las situaciones se crean solamente para que tomemos conciencia de los sentimientos que se están expulsando de nuestro campo, así como del campo de los demás. Esto permite que la emoción de la tristeza adquiera una cualidad transitoria.

Cuando esto ocurre, nuestras emociones confirman hitos vitales de expansión, en lugar de perpetuar nuestra creencia de que somos víctimas.

Por lo general, la tristeza solo se asocia a nuestras experiencias de manera recurrente o pasa mucho tiempo en nuestra realidad cuando la vemos como un obstáculo que debemos superar. Una vez más, el ego nunca podría estar de acuerdo con los beneficios evolutivos que proporciona la tristeza, porque esto evitaría su disolución. El ego no es consciente de que su propia disolución en la Fuente es su verdadero propósito en la vida, y ningún esfuerzo o negociación por su parte podrán evitar que esto suceda. En la medida de lo posible, el ego puede tratar de llevar las riendas del crecimiento personal, pero el verdadero crecimiento solo se puede descubrir cuando el ego se disuelve.

Y si el ego no puede ayudar en este proceso, tampoco puede obstaculizarlo. Esta es precisamente la razón por la que el viaje espiritual del nuevo paradigma ofrece la forma más amorosa de pasar del ego al alma. Puede ser bastante deprimente experimentar el destino de nuestra mayor evolución desde el punto de vista de un ego que se encuentra en proceso de disolución; por otro lado, puede ser bastante extasiante y placentero explorar el propio camino cuando estamos anclados en la pureza del alma.

Cuando estamos enraizados en el brillo del alma, la tristeza no representa una carencia de felicidad. La tristeza no es más que la forma en que el corazón se adapta a la pérdida y se desprende de patrones de apego para el bienestar de todos. Cada vez que surge la tristeza, el cuerpo suelta lo que ya no es necesario para el viaje que tiene por delante y hace espacio para acoger lo que la vida nos ha preparado para encontrar: la verdadera felicidad. Para que nuestra evolución sea mucho menos deprimente y mucho más emocionante, nos conviene respetar, reconocer y acoger nuestras experiencias, por más tristes que parezcan ser.

## EL LADO BUENO DE LA DECEPCIÓN

Cuando vemos la vida a través de las gafas del ego, la decepción es la muerte de las expectativas, y no somos conscientes de sus beneficios evolutivos. Desde la perspectiva del alma, sin embargo, el papel de la decepción es liberar nuestra conciencia del sueño de las expectativas, para que podamos permanecer abiertos al destino vinculado a las infinitas posibilidades de la vida.

En muchos casos, el ego cree que lo mejor que puede ocurrir es que obtenga exactamente lo que quiere. Desde esta visión de las cosas, se generan muchos apegos a los resultados, y la vida solo tiene una manera de hacernos felices: por medio del futuro cumplimiento de los deseos que vinculamos a un placer duradero. Al pasar del ego al alma, permanecemos abiertos a las *infinitas* formas en que podemos experimentar la verdadera felicidad y nos damos cuenta de que las cosas no tienen por qué salir siempre como queríamos para que la vida nos parezca buena.

Cuando aparece la decepción, la muerte de la expectativa expande la conciencia más allá de las limitaciones de las creencias contraproducentes y los apegos a los resultados. Cuando está decepcionado, el ego siente el aguijón de la derrota personal, ya que las inevitables olas de tristeza significan que se están disolviendo capas más profundas del ego, tanto en nosotros como en los demás. Esta es precisamente la razón por la cual el ego nunca puede alcanzar los objetivos que se ha marcado en el viaje espiritual: si el ego alcanzara cada hito, se estaría abriendo camino.

Dado que el surgimiento del alma tiene lugar con la disolución del ego, es la tendencia perpetua de que el ego no se salga con la suya lo que permite que la decepción ayude en el proceso.

Ciertamente, no tenemos que disfrutar con el sentimiento de decepción, y esta no puede ser algo que podamos prever. A menudo, cuando menos lo esperamos la muerte de la expectativa llega a nuestra realidad para apartar más distracciones de nuestro camino, en lugar de que se siga alimentando el aspecto del yo que solo tiene hambre de más. La pregunta sigue siendo: ¿estamos listos para aceptar que incluso la decepción está aquí para ayudarnos, o mantendremos la guerra (*WAR*) interna reprimiendo nuestras cualidades divinas más elevadas hasta que la vida satisfaga cada una de nuestras expectativas?

## EL PODER PROFÉTICO DE LA ENVIDIA

Una de las emociones que más polarizan y aíslan es la envidia. Desde el punto de vista del ego, la envidia es una furia que surge de la sensación de injusticia que experimentamos cuando vemos que aquello que más deseamos aparece en la vida de otras personas. En realidad, la envidia constituye un presagio de todas las bendiciones que estamos *destinados* a recibir. En la mayoría de los casos, los indicios de las bendiciones que están en curso se ven más confirmados.

A través de los ojos del universo, la realidad física constituye una representación material de estados emocionales. Esencialmente, solo deseamos lo que queremos debido a cómo nos imaginamos que nos sentiríamos si lo recibiésemos. Esto significa que los objetos de nuestro deseo no son en realidad objetos que queramos. Lo que realmente deseamos, más allá de los apegos a cualquier resultado en particular, es sentir el amplio abanico de emociones positivas que confirman que estamos totalmente alineados con la energía de la Fuente.

Si bien es posible que el ascenso profesional, la flamante nueva relación o la ganancia inesperada de otra persona anuncie exactamente lo que el universo nos está enviando, es más probable que revele información sobre los sentimientos que deseamos. Dado que los sentimientos óptimos no dependen de unos resultados y circunstancias específicos, las bendiciones que reciben los demás indican la disposición que tenemos a sentirnos más de la manera que realmente deseamos, lo cual conseguiremos a través de la expansión del alma.

Aunque el ego permanece hipnotizado por los objetos que busca, su existencia es una visión condicionada de la conciencia latente; no está destinado más que a perseguir cada deseo sin encontrar nunca la verdadera satisfacción, por más bendiciones que reciba. Esto revela que la insatisfacción es el estado natural del ego. Mientras permanezcamos en cierto grado de incubación, la insatisfacción se repetirá, aunque se arreglen nuestras circunstancias personales.

Sin embargo, y curiosamente, cualquier cantidad de tiempo que se pasa en la insatisfacción tiende a generar un impulso para una mayor expansión.

Puesto que todo está aquí para ayudarnos, la envidia es como un mensaje que nos manda el universo que nos recuerda todas las bendiciones que están en camino hacia nuestra realidad. Tanto si se materializan como las características y los beneficios presentes en la vida de otras personas como si no lo hacen, la envidia asegura una expansión de nuestro bienestar cuando nos adentramos en el éxtasis de nuestra más alta evolución.

Aunque muchas personas tienden a juzgarse a sí mismas por sentir envidia, es la forma en que respondemos a este sentimiento lo que determina nuestro nivel de conciencia. Si el ego ha adoptado una identidad espiritual, insistirá en que está más allá de esta emoción de vibración tan baja. Si bien un alma completamente encarnada no experimentará emociones como la envidia con regularidad, la verdad de la conciencia centrada en el corazón ha llegado a ser tan humilde por la veneración auspiciosa hacia la vida que ningún sentimiento es negado, condenado o comparado con otro.

Al igual que cualquier otra experiencia, la envidia solo puede estar aquí para ayudarte, tanto si estás sintiendo la que estás limpiando de otras personas como si te encuentras en medio de un remolino de insatisfacción como preparación para una mayor expansión, como si estás reconociendo que este sentimiento anticipa próximas bendiciones que están en camino.

## UN LIBERTADOR INESPERADO

El resentimiento es el residuo de la culpa. Es la tendencia inconsciente a juzgar y culpar a las personas por la expansión demostrada en cada uno de sus resultados. Por más desagradables que puedan ser estos personajes, el resentimiento es una modalidad sutil de envidia proyectada hacia aquellos que se muestran más libres en la expresión de su voluntad de lo que nosotros nos permitimos ser. Es posible que estas personas no estén utilizando su libre albedrío de la manera más consciente, productiva o compasiva, e incluso es posible que expresen su libertad de formas abusivas. Sin embargo, cuando somos capaces de reconocer nuestro resentimiento como un recordatorio de la frecuencia con la que evitamos expresar nuestro mayor potencial, podemos utilizar cada momento de acusación para nuestro beneficio evolutivo.

Los seres energéticamente sensibles están centrados en su corazón de forma natural, y a menudo no expresan su libre albedrío de la manera en que tienden a hacerlo quienes se están incubando en el ego. Este suele ser el motivo por el que es tan fácil sentirse lastimado, enojado, afligido o decepcionado por los actos de aquellos que solo velan por sus propios intereses.

Sea cual sea la frecuencia con la que parecemos atraer el comportamiento desconsiderado de otras personas, ponen a estas en nuestro camino por dos motivos concretos. El primero es que el poder sanador innato de nuestro campo energético tiene la capacidad de ayudar a aligerar su carga, aligeramiento que se produce por medio de los sentimientos que experimentamos como resultado de cada encuentro. Es posible que al ego no le guste la idea de atraer experiencias de victimismo como una forma de elevar la vibración de quienes tenemos alrededor, aunque cuanto más hemos pasado del ego al alma, más fácil nos resulta sanar a otros sin engancharnos.

El segundo motivo por el que podemos atraer la crueldad de los demás es que desafiemos y, finalmente, disolvamos cualquier creencia limitante que nos impida observar la luz de la divinidad en todos. Así como las semillas deben disolverse para que las plantas crezcan, los personajes presentes en nuestra realidad necesitan expresar su energía de la Fuente en varios niveles de crecimiento y madurez.

Sin embargo, para el ego es un comportamiento casi instintivo mirar más allá de la verdad eterna de otra persona cuando no muestra las mejores cualidades de su alma. Para el ego, el resentimiento es el efecto secundario de culpar a otros de los padecimientos emocionales que advertimos en nosotros; para el alma, el resentimiento es un libertador inesperado que crea más espacio para que crezca la compasión. La compasión es la capacidad innata que tenemos de percibir cada padecimiento y admitir la honestidad de nuestra experiencia, incluso de tomar medidas rápidas y valientes cuando es necesario, mientras perdonamos a cada personaje a lo largo del camino.

## EL SONIDO DEL CONFLICTO

Muchas personas sienten aversión por las emociones incómodas, no solo por el dolor que sienten, sino también porque tienden a no tener claro cómo experimentar esos sentimientos de manera consciente. Dado que muchos enfoques obsoletos ven las emociones de baja vibración de una manera supersticiosa, muchos individuos se sienten unos fracasados espirituales por expresar el lado humano de su divinidad.

Cuando un buscador ha transformado su condicionamiento en un ego espiritual, puede experimentar un sentimiento de culpa o vergüenza profundamente arraigado cuando se siente frustrado, alterado o provocado por la inconsciencia de los demás. Para deshacer cada aspecto del ego sin adoptar a cambio una fachada más espiritual, es esencial aprender a experimentar la realidad desde el corazón. Cuanto más conscientemente experimentamos los términos y condiciones de los conflictos, mayor es el beneficio espiritual que obtenemos de ello. Esto no significa que tengamos que fingir que nos gustan las experiencias que nos causan dolor. Solo se trata de entender la diferencia que hay entre reaccionar desde el ego frente a responder como el alma.

A menudo, la diferencia entre cómo reacciona nuestro ego y cómo responde el alma se refleja en el ámbito del sonido. El hecho de que el mundo interior y el exterior parezcan ser dos realidades diferentes tiene como finalidad favorecer nuestra evolución. Tanto si percibimos los pensamientos o los sentimientos desde el punto de vista del ego como si lo hacemos desde la perspectiva del alma, en todas las ocasiones es el resultado empático de elevar la vibración del inconsciente colectivo.

Como expresiones de la Fuente encarnadas en una forma, hemos venido a este reino terrenal a hacer un curso vívido de estudios angélicos. Cada uno de nosotros, independientemente de cómo actuemos o del aspecto que tengamos, expresamos la singularidad de nuestra luz a través de un viaje que consiste en una expansión. Además, vamos aprendiendo sobre las capacidades de sanación más profundas del alma a medida que va favoreciendo el viaje de aquellos con quienes nos encontramos.

Tanto si somos capaces de expulsar de nuestro campo los residuos eliminados por otros individuos como si lo que estamos haciendo es añadir esos residuos al condicionamiento que orbita dentro de nosotros, a menudo es la cantidad de sonido que producimos lo que determina la vibración de nuestra experiencia.

Cuando nos estamos incubando en el ego, las experiencias internas incómodas provocan ruido externo. Cuando alguien está procesando inconscientemente la ira en su campo energético, tiende a sonar agresivo o a hablar en voz alta. El ego no puede permanecer en silencio cuando se está produciendo algún grado de sanación emocional.

Tanto si es un murmullo pasivo-agresivo que uno dice para sí mismo sobre la injusticia de una situación como si es una discusión a gritos entre dos personas, el ruido que se expresa en el exterior a menudo es un indicador de experiencias inconscientes. Cuanto más inconsciente es la experiencia, más probable es que uno esté tomando la energía expulsada por los demás, en lugar de permitir que cada emoción pase y se vuelva a integrar en la Fuente.

Por supuesto, hay ocasiones en las que para procesar y deshacer las energías que se están limpiando es esencial que verbalicemos nuestras experiencias e incluso hablemos de ellas con personas cercanas. La pregunta es: ¿las comunicamos desde un espacio abierto de autenticidad apacible, o proyectamos nuestros sentimientos sobre individuos que nos empeñamos en que deben satisfacer nuestras exigencias?

Muchos egos espirituales interpretan que «decir la verdad» es toda una invitación a inculpar y juzgar a personas que actúan de maneras que confirman sus creencias más limitantes. Por otra parte, el alma es capaz de compartir sus sentimientos sin tener que gritar o señalar con el dedo. Desde el punto de vista del ego, no se produce ninguna sanación a menos que el otro acabe por comulgar con nuestra perspectiva. Esta es la razón por la cual las discusiones solo pueden acontecer en el terreno del ego, ya que el yo condicionado únicamente sabe compartir a través de los sonidos que denotan conflicto.

Esto no significa que todos los arrebatos de risa sean indicativos de la presencia de la conciencia egoica; es el *tono* de la risa el que nos lo dirá. Si el tono es mezquino o sarcástico, las palabras y los actos de esa persona están mostrando su inconsciencia.

## EL PODER DE LA RESPIRACIÓN

En lugar de tratar de respetar, reconocer y acoger nuestras experiencias como un proceso consecutivo, ¿qué tal si hubiese una manera de cultivar las tres cualidades RAW a la vez? Esto es posible si reconocemos una de las herramientas de transformación más potentes del alma: el poder de la *respiración*.

Cuando elegimos respirar en las circunstancias en lugar de discutir sobre ellas, estamos respetando, reconociendo y acogiendo los beneficios evolutivos de los encuentros, todo al mismo tiempo. Ya que las discusiones son expresiones externas de respiración superficial, nuestra disposición a afrontar el caos emocional interno con el sostenimiento de la respiración consciente permite que el alma se expanda.

Cuando somos capaces de sentir en lugar de culpar, y de respirar en lugar de discutir, nos ponemos a la vanguardia de nuestro potencial angélico más elevado como futuros maestros espirituales. Tanto si un individuo dado actúa de una manera que merezca nuestro respeto, nuestro reconocimiento o nuestra más calurosa acogida como si su comportamiento nos inspira todo lo contrario, el alma, con su brillo, siempre está preparada para responder de una manera más consciente que cualquier tipo de ego.

Mientras no estemos instalados en la perspectiva del alma, los inevitables cambios que se vayan produciendo en nuestra realidad seguirán desencadenando la guerra (*WAR*) interna del ego. Sin embargo, esta odisea dolorosa llega a su fin en el momento en que reconocemos que todo lo que aparece como un enemigo es un aliado espiritual que nos ayuda a crecer. Esta visión no es algo en lo que creer a ciegas, sino una visión ampliada de la realidad que debemos insuflar en nuestra esencia, a través de la respiración, para que revele la magnífica verdad que el alma ya conoce.

---

**Para ayudarte a incorporar las ideas que se ofrecen en este capítulo, reflexiona sobre la sabiduría contenida en la declaración siguiente o léela en voz alta:**

Acepto que todo lo que experimento está aquí para ayudarme. Tanto si representan patrones de expulsión de residuos emocionales presentes en mi campo como si reconozco que son capas de inconsciencia sanadas en todo el colectivo, respeto cada pensamiento y sentimiento por el gran beneficio evolutivo que ofrece: acepto la naturaleza de la adversidad, que ayuda a crear un punto de fusión adecuado para transformar mi rigidez personal en la luz de mi forma original. Respeto el regalo de la pérdida, ya que deja espacio en mi realidad para que aparezcan regalos mayores. Reconozco que los miedos tienen una razón profunda de ser: son señales que manda el universo de que se acercan momentos de crecimiento.

Respeto la sabiduría de la ira, que revela cuándo alguien está demasiado abrumado por su viaje de sanación como para poder interactuar desde el corazón. Acojo con satisfacción el juicio como un ayudante que me recuerda que estoy eliminando creencias limitantes de mi campo energético, así como del campo energético de otras personas. Acepto lo que tiene de bueno pensar demasiado: es un reloj de alarma que me informa de lo abierto o cerrado que está mi corazón.

Reconozco el propósito profundo de la tristeza, ya que aparece justo en los momentos en los que el ego se disuelve. Me doy cuenta de que la decepción presenta un beneficio, y es que el ego obtiene mayor permiso para deshacerse cuando no se sale con la suya. Reconozco el poder profético de la envidia como un presagio de que voy a recibir más bendiciones, que coincidirán o no con los regalos que otras personas han obtenido, porque estaban destinadas a obtenerlos. Aprecio el resentimiento como un libertador inesperado que me muestra las áreas de mi vida en las que me abstengo de expresar plenamente mi libre albedrío.

En lugar de implicarme con los sonidos que denotan conflicto, puedo respetar, honrar y acoger a cada aliado espiritual, debido a los beneficios evolutivos que puede proporcionar, a través del poder de la respiración. Al hacerlo, sirvo a mi propósito como ángel en forma humana que encarnó para elevar al colectivo sin tener que atenuar mi luz o igualar mi vibración con la de quienes me rodean. Así soy libre.

A medida que vamos aceptando cada aliado espiritual por el beneficio evolutivo concreto que nos brinda, permitimos que una fuente más profunda de paz nos guíe hacia una mayor armonía con el misterio de la vida, sin que tengamos que saber siempre hacia dónde se dirige esta para convertirnos en lo que siempre estuvimos destinados a ser.

# CAPÍTULO 4

# EQUILIBRAR LO
# MASCULINO Y LO
# FEMENINO

A medida que nos vamos alineando más con la respiración para transformar nuestra guerra (*WAR*) interna en los atributos naturales (*RAW*) de la realidad del alma, muchas fuerzas aparentemente opuestas van entrando en un orden más armónico.

Así como cada creación mantiene un sentido de la alineación a través de relaciones de interdependencia, en todo ser humano hay energías tanto masculinas como femeninas que deben equilibrarse. Aunque presentamos el aspecto de individuos que tienen un determinado sexo, las energías masculina y femenina representan dos vertientes de la totalidad de la experiencia humana. Para descubrir el equilibrio necesario entre estas dos fuerzas, es importante explorar las energías masculina y femenina en un nivel más profundo.

## ACEPTAR LO MASCULINO

La energía masculina representa la determinación, el enfoque y el impulso de la energía de la Fuente. Cuando está equilibrada con la femenina, a menudo desempeña el papel de amante, guerrero o proveedor. Cuando está desequilibrada, el amante se convierte en un mentiroso, el guerrero pasa a ser aprensivo y el proveedor se transforma en un depredador. En ausencia de la contraparte energética femenina, el ego excesivamente masculino está más centrado en conquistar que en conectarse y mucho más motivado por la amenaza de la pérdida que por las oportunidades de mostrarse vulnerable, desprotegido, fiel e íntimo.

Aunque la energía masculina puede nutrir como un proveedor confiable, cuando está desequilibrada, la incapacidad de recibir no permite que lo masculino experimente plenitud o que sus parejas, amigos y familiares conecten con su corazón.

En el sentido más práctico, lo masculino representa el enfoque orientado hacia un objetivo. A menudo se describe a través de los puntos de vista del *qué* o el *cuál*: «¿qué me siento impulsado a lograr?», «¿qué puedo hacer por ti?», «¿qué puedes hacer por mí?», «¿cuál es mi propósito?».

Si bien el enfoque, el impulso y la determinación son elementos cruciales en la manifestación del alma en forma tangible, es fácil que la energía masculina sea agresiva en lugar de consciente cuando está desequilibrada por la impronta de nuestro condicionamiento humano o las presiones sociales. Cuando ocurre esto, la objetividad es reemplazada por la cosificación, la pasión se convierte en ira, y el impulso degenera en depresión.

Cuando lo masculino aprende a suavizar su enfoque, cada meta puede ser explorada para propósitos más profundos que las conquistas, los resultados o los logros. En un viaje espiritual, lo masculino es el buscador, el perseguidor y el intérprete de la sabiduría infinita de la vida. Sin embargo, es incapaz de procesar, asimilar e integrar esta sabiduría si no está equilibrado con la energía femenina.

Cuando está equilibrado con su contraparte interna femenina, lo masculino aprende a proveer sin necesidad de proteger y a responder en lugar de reaccionar, mientras abandona su negligencia y pasa a ser un cuidador. Desde este espacio de mayor armonía energética, lo masculino es capaz de rendirse a la vulnerabilidad de recibir que permite que las personas a las que adora sientan su fuente infinita de amor.

Por todo esto, el viaje de lo masculino implica aprender a dar y recibir con respeto, humildad y verdadera sinceridad. Cuando lo masculino está inconsciente, esta temática sirve para despertarlo, a medida que aprende, con el tiempo, cómo la negatividad que proyecta hacia fuera solo crea un conflicto interno mayor. Cuando lo masculino toma conciencia de la importancia que tiene lo divino femenino, todas las tendencias egoístas y los mecanismos de defensa del «sabelotodo» se funden en un mayor interés por el bienestar de los demás.

Cuando ocurre esto, el defensor de la verdad intemporal que lo masculino encarna se transforma, a menudo, en un sirviente devoto del amor. El tiempo que tarda en producirse esta transición suele estar determinado por el grado en que lo masculino permanece cauteloso, insistiendo en proteger la misma energía femenina que, sin saberlo, teme dejar entrar y abrazar totalmente.

## HONRAR LO FEMENINO

Lo femenino representa la receptividad, la creatividad y la expansión de la energía de la Fuente. Cuando está equilibrado con lo masculino, lo femenino a menudo desempeña el papel de alguien intuitivo, un padre/madre y una musa. Cuando no está sincronizado con lo masculino, la persona intuitiva se ve abrumada por el victimismo, el padre o la madre se siente un mártir y la musa se encierra en el resentimiento.

En ausencia de la energía masculina, lo femenino está lleno de ideas inspiradas, pero carece del enfoque, la ambición y la dirección que necesita para avanzar desde el concepto hasta la creación. Aunque lo femenino desequilibrado tiene mucho amor que ofrecer, su dependencia respecto de la aprobación externa hace que una energía tan enriquecedora y expansiva permanezca desarraigada, o que pase de una relación caótica a otra.

Aunque lo femenino irradia la receptividad necesaria para la construcción de relaciones íntimas duraderas, cuando está desequilibrado, es habitual que se entregue sin medida a los demás, en detrimento de su propio equilibrio interior. Por este motivo, el viaje de la energía femenina consiste en aprender a ser audaz y fiel en el dar sin negar las propias necesidades o perderse en la presencia de la otra persona.

Desde el punto de vista energético, lo femenino equilibra la enfocada energía masculina; templa cualquier búsqueda o esfuerzo. Mientras que lo masculino está orientado a definir el *qué* —el objetivo o meta—, lo femenino tiene incorporada la energía del *cómo*: «¿cómo abordaré la meta en cuestión?», «¿con qué frecuencia seguiré mi propia guía interior?», «¿cómo elijo responder a estos individuos?», «¿cómo puedo avanzar con plena atención hacia los objetivos?».

Si bien la receptividad, la creatividad y la expansión enriquecedora son componentes esenciales para descubrir la verdadera completitud, la energía femenina a menudo se proyecta como manipulación, y no como atención plena, cuando está desequilibrada. Cuando ocurre esto, la profundidad es reemplazada por la superficialidad, el perdón se convierte en venganza, y la apertura se reduce a la apatía.

Cuando lo femenino aprende a asentar su energía expansiva y enriquecedora, suaviza lo masculino. Al hacer esto, es capaz de recibir abiertamente una intimidad tan profunda que es igual de honorable para la inocencia que cautivadora para nuestros sentidos. A lo largo del viaje espiritual, lo femenino actúa como el conducto intuitivo, el catalizador energético y el receptor emocional de la energía de la Fuente. Y, sin embargo, si no está equilibrado por lo masculino interior, lo femenino se expande hacia una mayor alineación con el universo sin poder anclar nuestras energías en la realidad física tangible. Desde este espacio, lo femenino es capaz de imaginar varias soluciones, pero carece de la toma de tierra necesaria para convertir esta fértil sabiduría en algo tangible.

Cuando está equilibrado con lo masculino interior, lo femenino aprende a recibir el verdadero gozo de la intimidad con el mayor respeto por sí mismo. Es capaz de hacer prevalecer las intuiciones sobre los impulsos, mientras expresa su poder expansivo y enriquecedor con gracia discernidora. Desde este espacio de equilibrio energético, lo femenino adquiere la confianza que le permite desatar su poder absoluto de la manera más consciente y centrada en el corazón.

A medida que esto se despliega, el papel de «sanador perjudicial» que ha tenido lo femenino reprimido durante vidas se manifiesta como una expresión alquímica sagrada. La forma en que lo femenino efectúa la transición del victimismo a la victoria está determinada por la profundidad con la que se rinde a la Fuente y es capaz de confiar en las vicisitudes del viaje espiritual y evolutivo, independientemente de lo doloroso que resulte recordar un determinado pasado o lo turbulento que parezca ser el camino que hay por delante.

## PONER FIN A LA GUERRA DE LA POLARIDAD

Los juicios a brujas de Salem, el Holocausto, las ejecuciones de artistas y autores que hablaron en contra de regímenes políticos corruptos, la esclavitud, las cruzadas, los ataques del 11-S... Podemos señalar innumerables momentos en la historia en que la división interna de la polaridad ha provocado que lo masculino reprima, domine y cosifique el poder de lo divino femenino. Es importante recordar que esas persecuciones no se limitaron a las personas de sexo femenino, sino que tuvieron lugar contra todos los seres que encarnaban y transmitían las cualidades de la esencia de lo femenino interior.

Más precisamente, la historia de la agresión contra la energía femenina puede verse como actos de persecución contra la inocencia de la humanidad. La razón por la cual la humanidad ha sido objeto de unos abusos tan implacables se debe a que el reconocimiento de la interconexión ha ido evolucionando de manera lenta pero constante en los seres humanos desde la noche de los tiempos. Debido a que la realidad se creó en un hiperespacio interdimensional regido por el libre albedrío, la evolución de la conciencia ha expresado algunos precedentes brutales para desplazar la conciencia individual y colectiva hacia una realidad más armoniosa y amorosa. Después de generaciones marcadas por la corrupción, el derramamiento de sangre y las mentiras proyectadas sobre lo divino femenino, hemos llegado a un punto crucial en la historia en que lo femenino está volviendo a tener el mismo grado de poder que lo masculino, lo cual le permitirá templarlo.

Puede ser que nuestros campos energéticos hayan sido codificados con recuerdos de represión de lo femenino por parte de lo masculino o de rechazo de lo masculino por parte de lo femenino. En cualquiera de los casos, hemos llegado a una importante encrucijada, en la que los conflictos externos que dividen a los individuos y los grupos pueden resolverse estableciendo un equilibrio mayor y más armonioso entre lo masculino interior y lo femenino interior. A medida que cada ser humano va equilibrando su polaridad energética interior, lo externo —las personas, los lugares y las cosas— se va transformando para reflejar la igualdad global y la inclusión personal.

Si bien el tema principal de este libro es la transición del ego al alma, también ofrece claves para equilibrar las energías masculina y femenina personales, para asegurar que nuestro paso de la guerra (*WAR*) a lo natural (*RAW*) sea tan equilibrado como expansivo. Aplicando la ecuación *ARE*, el primer paso es siempre la conciencia (*awareness*). Al volvernos más conscientes de los roles que desempeñan lo masculino interior y lo femenino interior, podemos dar el siguiente paso hacia una mayor armonía energética. Con esta finalidad, ambos aspectos deben unirse; así podrá empezar a producirse nuestra expansión más elevada.

Dado que la energía masculina manifiesta la determinación, el enfoque y el impulso de la energía de la Fuente, tiene la capacidad de tomar decisiones empoderadas que estén en sintonía con las realidades vibratorias superiores, una vez que sabe en qué consiste esto. Con este fin, lo femenino interior tiene que haber recibido el conocimiento necesario para inspirar a lo masculino a efectuar elecciones más centradas en el corazón; son las cualidades de lo femenino de la receptividad, la creatividad y la expansión enriquecedora lo que le permite recibir dicho conocimiento.

Tomando este libro como ejemplo, es lo masculino lo que enfoca la atención en el objetivo de leer cada página y explorar cada perla de sabiduría. Pero es la receptividad de lo femenino lo que asimila cada idea para que lo masculino la descubra.

## FUNDIR CADA BARRERA

Para que las energías masculina y femenina trabajen juntas en armonía, debemos alinearnos con la respiración de manera regular para fundir cualquier barrera que las esté separando. Como vimos en el capítulo tres, alinearse con la respiración es una forma de activar, a la vez, cada uno de los tres atributos RAW (*respect* 'respeto', *acknowledge* 'reconocimiento' y *welcome* 'acogida'). Cuando elegimos respirar conscientemente en medio de nuestras experiencias, permitimos que las contrapartes masculina interior y femenina interior entren en mayor sintonía para resolver los patrones de conflicto que orbitan alrededor de nuestros campos.

Cada inhalación representa la receptividad de lo femenino, y nos conecta con la fuerza, el coraje y la seguridad. La inhalación nos permite limpiar y nutrir todos los niveles y capas. La exhalación representa el impulso de lo masculino de respetar, reconocer y acoger con intención enfocada.

Aunque te encuentres en mitad de un día ajetreado y solamente tengas tiempo de hacer pequeñas pausas para respirar, aplica la voluntad de dirigir la atención hacia el poder de la respiración para disolver cada aspecto de la incubación en favor de la evolución del alma. Dado que tanto lo masculino como lo femenino han desempeñado los roles de víctima y agresor, cada ciclo de abuso se disuelve cuando nos abrimos camino hacia la resolución energética por medio de la respiración.

Date cuenta de que cuando exteriorizamos los conflictos presentes en nuestra polaridad interna, el aspecto masculino no puede reprimir, dominar o cosificar al aspecto femenino si previamente no hemos dejado de ser conscientes de la respiración. Cuando la respiración nos pasa inadvertida o la negamos sin darnos cuenta, el aspecto masculino, desequilibrado, busca proyectar su dolor y sus inseguridades y vulnerabilidades en la inocencia de lo femenino, para lo cual intenta quitarle el aliento.

Del mismo modo, lo femenino no puede manipular inconscientemente a lo masculino, para protegerse o recompensarse, sin abandonar también la respiración.

La conclusión es que no puede producirse ningún tipo de opresión a menos que dejemos de estar sintonizados con la respiración. Dado que la respiración constituye la expresión de todos los atributos contenidos en el acrónimo *RAW*, el hecho de separarnos de ella da lugar a la guerra (*WAR*) interna del ego, a la que solo puede poner fin la expansión del alma. Cada vez que nos permitimos llevar la atención a la respiración nos alejamos de este ciclo kármico de abuso, no solo en favor de la reconciliación de nuestra propia experiencia interna, sino también de la expansión del todo.

Tanto si somos capaces de respetar, reconocer y acoger (es decir, de expresar las cualidades *RAW*) para avanzar hacia una perspectiva más amplia como si nos preocupamos, anticipamos y nos quejamos (es decir, manifestamos los componentes *WAR*) de manera recurrente, podemos usar el poder de la respiración para llenar cada hueco e inspirar al alma a emerger.

## DE LA PERSECUCIÓN A LA COLABORACIÓN

La persecución surge cuando el enfoque, el impulso y la determinación inconscientes reprimen, dominan y cosifican la inocencia de nuestra verdadera naturaleza. Un tipo de persecución consiste en el dominio, por parte de una mente masculina desequilibrada, de un corazón femenino sensible, como ocurre en determinados conflictos que surgen entre dos personas. Como forma de sanar la represión de lo divino femenino, la energía de la Fuente toma forma como un mundo de individuos en el que aclaramos, activamos y despertamos el mayor potencial de cada uno de nosotros mediante la formación y disolución de relaciones. Si bien el progreso espiritual nunca debería ser la única manera de desarrollar vínculos emocionales, la sanación que se produce en el contexto de cada vínculo emocional está determinada por la cantidad de tiempo que invertimos en incubarnos en el ego frente a la que invertimos en comulgar como almas.

Cuando dos personas comulgan como almas, descubren la unidad. Cuando dos personas se están incubando en el ego, se mantiene la negación. Cuando una de las dos encarna el alma mientras que la otra reproduce los patrones del ego, el victimismo se perpetúa.

Todas las relaciones, tanto las románticas como las fraternales, sirven para sanar fracturas que una vez dividieron lo masculino interior de lo femenino interior. Cuando estas dos polaridades se unen en un equilibrio armonioso, el potencial de la relación sagrada reemplaza los patrones oscilantes de la persecución, en cualquier nivel (físico, mental, emocional o energético).

## CONVERTIRSE EN UN COMPAÑERO SAGRADO

Cuando ambos lados de la polaridad se unen, es más probable que manifestemos la expansión de nuestra alma en presencia de los demás. Cuando nos vamos alineando más con la Fuente y pasamos a vivir más desde el corazón, aumenta la posibilidad de que podamos atraer un compañero externo que refleje el brillo de nuestra alma.

Crear relaciones sagradas —con amigos, familiares, conocidos o amantes— consiste en perfeccionar los atributos *RAW* como regalos que elegimos ofrecer a los demás. Así como la expansión del alma está determinada por la resolución de la guerra interna marcada por la preocupación, la anticipación y la queja, todos los conflictos externos pueden disolverse ejerciendo el respeto, el reconocimiento y la acogida en cada encuentro. Además, debido al hecho de que perpetuar el acoso en el ámbito de las relaciones no implica ningún beneficio evolutivo, es importante que permanezcamos enfocados en cómo respondemos a los demás independientemente de cómo elijan mostrarse.

## EL RESPETO EN ACCIÓN

Para alimentar la posibilidad de que los encuentros interpersonales se conviertan en relaciones sagradas, los atributos *RAW* pueden practicarse también en el ámbito externo. Así fomentamos las oportunidades de comunicarnos con el alma mientras pasamos tiempo con otras personas.

Como primer atributo de *RAW*, el respeto (*respect*) es un ingrediente esencial para elevar la vibración en las relaciones. Y el respeto se manifiesta por medio de la escucha. Cuando escuchamos a los demás, estamos aceptando la singularidad de su existencia al confirmar lo merecedores que son de ser escuchados, y también vistos y recibidos.

Aunque nuestro ego no esté siempre de acuerdo con las ideas y opiniones de los demás, es importante escuchar su punto de vista, en lugar de apresurarnos a abordar un tema más interesante o agradable. Por supuesto, no tenemos que mostrarnos de acuerdo con los puntos de vista con los que no resonemos, pero al interactuar con los demás existe la posibilidad de que nos vean y escuchen más si nosotros los vemos y escuchamos de forma activa.

Debido a que la realidad está gobernada por las leyes de la conciencia de unidad, los atributos *RAW* que ofrecemos a los demás expanden por igual ambas almas a la vez que resuelven cualquier conflicto que pudiera haber entre la energía masculina interior y la femenina interior. Cuando no tenemos los comportamientos sagrados, en el ámbito de las relaciones, de respetar, reconocer y acoger conscientemente al otro, lo más probable es que se mantenga la inercia de las interacciones egoicas y que la guerra (*WAR*) interna siga presente en ambos campos energéticos.

Aunque el ego haga todo lo posible por ser un oyente activo e implicado, la escucha consiste en un conjunto de habilidades que solo son expresadas por el alma. Dado que el ego solo puede escuchar a través del filtro del servicio a sí mismo, la frustración, la incomodidad y el aburrimiento son experiencias probables cuando se intenta escuchar desde un estado de incubación.

Si no puedes escuchar a los demás con sinceridad o interés, esto indica que tienes la necesidad de encontrar tiempo para escuchar tus pensamientos, preocupaciones, sueños y deseos con más pasión de la que pones en escuchar los de los demás. Si este es el caso, puedes incrementar tu capacidad de escuchar a los demás respetando, reconociendo y acogiendo tus propios pensamientos y sentimientos en un nivel más profundo.

Si este consejo suscita en ti una actitud defensiva, siempre puedes pulir los tres atributos *RAW* dedicando tiempo a alinearte con la respiración. Cuanto más a menudo invirtamos tiempo en respirar conscientemente, más saludables y satisfactorias podrán ser nuestras relaciones.

## HABLAR DESDE LA FUENTE

Así como la escucha sienta las bases de la relación sagrada, las semillas de cada vínculo tienen la mejor oportunidad de crecer cuando se les ofrece reconocimiento. Como segundo atributo *RAW*, el reconocimiento (*acknowledgement*) es un paso aún más interesante en el ámbito de la escucha. Permite que las personas presentes en nuestras vidas sean vistas y escuchadas, ya que el reconocimiento transmite que valoramos al otro, tanto si nos gusta lo que dice o hace como si no.

Desde el punto de vista del ego, no podemos valorar al otro a menos que les concedamos valor a las palabras que dice o a la ideología que manifiesta. Desde la perspectiva del alma, toda persona puede ser reconocida como una expresión de la Fuente y se le puede ofrecer respeto, reconocimiento y una cálida acogida, incluso cuando dicha persona manifiesta unos valores y unas creencias fundamentales diametralmente opuestos a los nuestros.

El reconocimiento es una afirmación o un cumplido que se ofrece al otro en respuesta a lo que comparte. Dado que nuestra Fuente eterna y única es una fuerza omnipresente de la naturaleza que todo lo sabe y todo lo ama, al responder gentilmente permitimos que la gracia de la energía de la Fuente hable a través de nosotros y toque la vida del otro. Cuanto más reconocemos la divinidad de los demás, más comulgamos con la luz de nuestra propia alma.

Cuando alguien nos habla de forma irrespetuosa, puede convertirse en una oportunidad para mostrarnos reconocimiento y halagarnos a nosotros mismos; al hacer esto, neutralizamos la energía del ataque verbal. Cuando somos capaces de reconocer la inocencia de nuestro propio corazón o elogiar la luz de los demás, por más sumidos que estemos en nuestro propio viaje de sanación, ello es indicativo de que nuestra alma, que se está expandiendo constantemente, está avanzando hacia el éxtasis característico de las relaciones sagradas.

Incluso cuando no tenemos nada que decir, siempre que ofrecemos el regalo de la escucha podemos ayudar a fusionar la polaridad de las energías masculina interior y femenina interior alineándonos con la respiración. A través del atributo divino del reconocimiento, cuanto más a menudo nos enfocamos en aquello que nosotros y los demás estamos haciendo bien, más podemos elevar la vibración de la autoestima en todos los campos energéticos.

Por más profundamente arraigado en el conflicto que parezca estar alguien, la voluntad de responder con halagos en lugar de hacerlo con críticas es una forma vital que tenemos de elevar nuestra vibración como anunciadores del bienestar. El hecho de que el otro elija recibir nuestro reconocimiento o no hacerlo puede reflejar hasta qué punto está abrumado en su propio viaje de sanación. Mientras tanto, nuestra disposición a abrirnos, incluso cuando los demás nos atacan o se cierran en banda, confirma la belleza de nuestra expansión creciente.

## UNA VITALIDAD ÍNTIMA

Como tercer atributo *RAW*, la acogida (*welcome*) estabiliza las raíces de la relación sagrada como un potencial plenamente desarrollado. A menudo percibida como una vitalidad íntima, la capacidad del alma para acoger sigue siendo una cualidad instintiva del corazón, aunque esté oculta bajo capas de condicionamiento humano. Cuando estamos en sintonía con este atributo divino, podemos celebrar cada momento como una experiencia única. Más que considerar que el individuo vive una sola vida enmarcada entre su nacimiento y su muerte, podemos darnos cuenta de que cada encuentro personal contiene su propio inicio y su propio final, lo que permite que la suma de experiencias que tenemos a lo largo de un día dado constituya un período compuesto por muchas vidas. Cuando estamos arraigados en la acogida, perdonamos el pasado al permitir que cada persona y circunstancia sean recibidas como un nuevo encuentro que promueve el crecimiento y la expansión.

Sin tener que esforzarse y sin concebir la noción de fracaso, el alma es capaz de permitir, por su propia naturaleza, que las experiencias sean únicas, sea cual sea nuestro pasado. El ego, sin embargo, no puede acoger las interacciones como aventuras nuevas, por más que lo intente. En lugar de ello, se aferra al pasado proyectando cierta cantidad de dolor no procesado en los individuos con los que interactúa. Al atrevernos a encontrarnos con nosotros mismos y con otras personas como si fuera la primera vez, descubrimos una fuente interna de perdón que, aunque no haga que olvidemos el pasado, dará a todo individuo la oportunidad de ser mejor de lo que ha sido nunca.

El hecho de que los demás acepten o no esta invitación no puede distraer al alma de su profundo deseo de responder siempre con más apertura para el bienestar de todos. Desde este espacio, podemos reconocer la intimidad como el baile a través del cual la energía de la Fuente se encuentra consigo misma a través de sus múltiples rostros.

Aquí es donde se halla el verdadero amor, el cual no es la electricidad de la excitación personal, sino una oportunidad de encontrar la luz de nuestra divinidad al verla reflejada en la belleza de otro ser.

**Para ayudarte a equilibrar tus energías masculina y femenina, reflexiona acerca de la sabiduría contenida en la declaración siguiente o léela en voz alta:**

Acepto que son necesarios los dos aspectos de la polaridad para que tenga lugar la armonía del equilibrio. Respeto lo masculino por su enfoque, empuje y determinación, y lo femenino por su receptividad, creatividad y expansión enriquecedora. Para transformar cada relación en sagrada y vivir la dicha gratificante a que ello da lugar, sintonizo con mi respiración para respetar, honrar y acoger ambos aspectos de mi ser para que queden más integrados en un todo mayor.

Al equilibrar mi polaridad energética, ayudo a la humanidad a romper ciclos de abuso para que lo divino femenino vuelva a tener el mismo poder que lo masculino. Desde este espacio, cada momento se convierte en una nueva oportunidad de conocerme a mí mismo y a cada individuo partiendo de cero, sin meterme en entornos tóxicos o relaciones poco saludables. Así estoy completo.

A medida que lo masculino y lo femenino se van equilibrando más en nuestro interior, podemos desarrollar vínculos emocionales en el seno de cada interacción personal que nos permiten entrar en un espacio en el que reconocemos la divinidad de forma natural. Desde este espacio, podemos respetar a los demás como extensiones de nuestra verdadera naturaleza, mientras también abrazamos nuestro corazón. Este es el despertar de la conciencia de unidad, que aumenta en nuestro interior a través del florecimiento del amor propio.[1]

---

1. En esta obra, la denominación *amor propio* expresa siempre el amor de tipo espiritual que uno se profesa a sí mismo, según los términos expuestos por el autor en el capítulo cinco; no expresa en ningún caso el componente de «amor» por el propio prestigio, por el que podemos sentirnos heridos por los demás cuando no nos reconocen «convenientemente», o por el que podemos sentirnos defraudados con nosotros mismos cuando «no damos la talla» (N. del T.).

# CAPÍTULO 5

# LOS CUATRO FUNDAMENTOS DEL AMOR PROPIO

Desde una perspectiva espiritual, el amor no es una emoción que sentimos todo el tiempo. El amor es una compasión y una empatía profundas e inquebrantables que se extienden hacia el interior para acoger nuestras experiencias, por más confundidos, cerrados, insatisfechos o abrumados que nos encontremos. Cuando estamos arraigados en la vibración del amor, no tenemos que estar completamente sanados para manifestar la bondad y el cuidado que habitan dentro de nosotros. El amor nos inspira a consolar la inocencia que mora dentro de nuestro corazón que desearía sentir algo distinto en relación con algo. El amor verdadero no debe confundirse con el enamoramiento; es una respuesta desinteresada y armoniosa de mayor apoyo, no un subidón emocional de ningún tipo.

Cuanto más amorosos somos en todas las relaciones, más centrados en el corazón tendemos a estar. Del mismo modo, cuanto más compasivos somos con nosotros mismos, más íntimas pueden ser nuestras relaciones. Esta es la receta para la verdadera resolución emocional. Para que todas las relaciones estén alineadas con la Fuente, es esencial abrazar los cuatro fundamentos del amor propio. Este abrazo transforma cada interacción desde dentro hacia fuera, y da lugar a más oportunidades para que nos encontremos a nosotros mismos en la pureza de la relación sagrada.

Puesto que ya hemos explorado el primer fundamento, estar más alineados con la respiración, estamos preparados para explorar los otros tres; todos ellos garantizarán que cultivemos con compasión nuestra vibración más elevada.

## EL REGALO DEL ESPACIO

El amor es la atracción magnética de la conciencia de unidad. Si bien a menudo surge espontáneamente, se puede sentir de forma natural cuando se recibe el regalo del espacio. Nos ofrecemos dicho regalo siempre que nos apartamos de los roles que desempeñamos, de las personas a las que servimos o incluso de nuestra rutina diaria y hacemos una pausa para descansar.

Mientras que el alma requiere momentos de espacio y descanso para permanecer alineada, el ego a menudo se siente intimidado por la vulnerabilidad inducida por el espacio.

Al no haber nada de lo que preocuparse, nada que anticipar o nada que lamentar, la inercia de las tendencias inconscientes *WAR* (la preocupación, la anticipación y la queja) da lugar a una inquietud interna. Esta incomodidad implica una expansión que ilumina la apertura de un rincón previamente oscuro de nuestra realidad interior. El espacio nos ayuda a reconocer nuestros patrones internos, de modo que la sensación de vulnerabilidad pueda revelar un momento en el que la única respuesta del ego es aflojar su control.

Este es el motivo por el que el ego vive en un estado dividido de conflicto interno. Sean cuales sean sus planes, busca el placer, la aprobación y la plenitud que solo puede recibir el alma. Esto se debe a que es necesario que haya espacio para poder recibir. En presencia del espacio, el ego se deshace.

El ego siempre quiere justo lo que no está destinado a tener; lo que, por su propia naturaleza, no puede tener. Nuestro ego es capaz de concebir un determinado deseo, y ciertamente puede pasar tiempo persiguiéndolo dedicando a ello una fuerza y un esfuerzo tremendos. Mientras tanto, estamos destinados a recibir todos los resultados deseados si seguimos pasando del ego al alma.

Así como no podemos consumir adecuadamente comida sin dejar espacio para la digestión, no podemos estar completamente conscientes, alineados y centrados en el corazón si no contamos con espacio. Como el espacio es una fuerza silenciosa, el ego intenta evitarlo desesperadamente, porque lo percibe como soledad y aislamiento. Por otro lado, el alma agradece el regalo del espacio como el entorno de soledad en el que se crean las conexiones más profundas.

La verdadera intimidad es la voluntad de contener espacio y de estar abierto y relajado. En la relación sagrada, la intimidad es una oportunidad de compartir espacio con otra persona. Para que podamos explorar lo importante que es que nos amemos a nosotros mismos como requisito para cultivar relaciones sagradas, debemos establecer una relación con el espacio.

Esto puede consistir en algo tan simple como concedernos descansos mentales de muy poca duración a lo largo del día: podemos hacer una pausa, sentir nuestras experiencias emocionales e incluso efectuar algunas respiraciones conscientes.

Dado que el hecho de sintonizar con la respiración invita al espacio a deshacer el ego, es natural tener aversión al espacio, en el que no queda más que la conciencia y la respiración. Como siempre, dentro del viaje en el que estamos inmersos, podemos dar cada paso a la velocidad que nos sea más favorable. Quizá se trata de encontrar el límite de nuestra experiencia y atrevernos a dar un paso más allá.

Pongamos por caso que estás esperando en una fila en el banco o que te encuentras detenido en medio de un atasco. Estas pueden ser oportunidades de explorar el espacio, en lugar de preocuparte, anticipar o quejarte. Al entrar en la bendición que es el espacio tanto por medio de prácticas extensas como en pequeñas ocasiones, estamos invitando a que resplandezca el brillo del alma.

## HACER LAS PACES CON EL TIEMPO

La relación que mantenemos con el espacio determina el potencial de la relación sagrada. Cuando estamos en armonía con la amplitud, aceptamos la necesidad de descansar y recibir, y también estamos dispuestos a dar y participar. Para que esto ocurra, es esencial hacer las paces con el tiempo, que es el tercer fundamento del amor propio.

Debido a que el ego no puede evitar preocuparse, anticipar y quejarse, a menudo vive sumergido en una carrera contrarreloj. Esto significa que lo que quiere está siempre en otro lugar o no existe de la manera que desea. El alma, sin embargo, mantiene de forma natural una relación monógama con el espacio y vive totalmente en paz con la dimensión del tiempo.

Cuando hacemos las paces con el tiempo, nuestra polaridad energética interior puede equilibrarse con mayor facilidad. De la misma manera que los niños pequeños pueden ponerse de mal humor si están cansados y necesitan dormir un poco, nosotros también podemos encontrarnos rápidamente con desacuerdos o malentendidos cuando no nos tomamos tiempo para nosotros mismos.

Aunque el ego está destinado a deshacerse a medida que el alma se va expandiendo, no lo pone fácil. Cuando encontramos tiempo para nutrirnos internamente, es como si el ego entrara en una sesión de rehabilitación emocional. Cuando vamos hacia el interior para convertirnos en la fuente de nuestra propia bondad amorosa, el ego ya no está en posición de ser alimentado o provocado constantemente por el deseo de reconocimiento externo o la aprobación de los demás.

Al no contar con aprobación externa, el hambre del ego puede intensificarse, ya que lucha por permanecer inconsciente a través de los juicios externos o los patrones de crítica interna. Esencialmente ocurre que cuando el ego no recibe alimento, contraataca.

Muy a menudo, la ruptura de las relaciones se produce a causa de nuestra lucha inconsciente con el tiempo. O bien damos por asentada la relación y no pasamos suficiente tiempo de calidad con el otro o bien eliminamos el espacio íntimo de nuestras relaciones al no tener suficiente tiempo para nosotros mismos. Esta es la razón por la cual hacer las paces con el tiempo es esencial en el cultivo del amor propio. Al dedicar tiempo a cuidarnos podemos tomar decisiones constructivas, en lugar de sentirnos atraídos por patrones autodestructivos.

## DESCANSAR LO SUFICIENTE

Sentirnos descansados es una señal de que hemos hecho las paces con el tiempo. Este es el cuarto fundamento del amor propio. Cuando estamos descansados con mayor regularidad, comenzamos a encarnar los atributos divinos de nuestro potencial más elevado. Si no hemos descansado lo suficiente, nos sentimos desplazados, molestos o incómodos con respecto al rumbo que siguen nuestras vidas. Aunque podamos encontrar elementos para convencernos de que hay muchas cosas por las que estar preocupados, a menudo esta intranquilidad es indicativa de que necesitamos descansar más.

Una pareja cuyos miembros pueden descansar juntos puede estar en su mejor momento. Esto se debe a que el descanso ayuda a fortalecer las raíces de la relación; las conexiones existentes entre los dos corazones se alinean y se vuelven más profundas al no haber intereses personales inmiscuyéndose. Tanto respecto a las relaciones con los demás como respecto a la aceptación de nuestra propia naturaleza interna, el fundamento de estar descansado es una verdadera medida de la profundidad con la que hemos recibido el regalo del espacio.

Cuando se cumplen los cuatro fundamentos —cuando estamos descansados, arraigados en el espacio, alineados con la respiración y en paz con el tiempo—, somos capaces de ser los compañeros sagrados más respetables para nosotros mismos. Y cuando nuestra relación sagrada interior florece, somos capaces de prender la luz en otras personas, en lugar de provocar a su ego en todo momento.

Dado que el alma evoluciona elevando nuestra vibración o a través de la disolución del ego, nuestros comportamientos suelen reflejar hasta qué punto estamos anclados en el amor propio. Si respondemos de forma más conflictiva que compasiva regularmente, ello puede ser indicativo de que alguno de los cuatro fundamentos está débil o desequilibrado.

## ESPACIO + TIEMPO = ATENCIÓN

Las respuestas que damos en cada una de nuestras relaciones reflejan hasta qué punto estamos arraigados en la conciencia centrada en el corazón. Cuando el tiempo y el espacio son aliados en lugar de enemigos, la disposición a prestar una atención más reflexiva se convierte en una puerta de entrada a la satisfacción permanente. Esta es la razón por la cual la fórmula para expandir la conciencia centrada en el corazón es esta: *espacio + tiempo = atención*.

Sin el tiempo, la atención es limitada y condicional. Sin el espacio, la atención está dispersa y desenfocada. Por lo tanto, cuando el espacio y el tiempo están alineados en la relación correcta a través de la gracia de nuestra claridad renovada y nuestro mayor enfoque, aquello que antes percibíamos como obstáculos se convierte en catalizador de la expansión.

Cuando creamos aberturas en nuestra vida para proporcionarnos la misma atención que otros parecen acaparar, se produce, de forma natural, una transición intemporal del ego al alma. Desde este espacio, y en función de lo alineados que estemos respecto a los cuatro fundamentos esenciales, podemos ser más receptivos que reactivos y más cooperativos que competitivos.

## EL ESTADO PASIVO FRENTE AL ESTADO DE ÉXTASIS

El viaje espiritual no consiste en perseguir una experiencia trascendente mayor, sino en volverse más sensible a las energías sutiles que moran siempre en nuestro interior. Cuando nuestro corazón se abre, podemos percibir el poder infinito que reside naturalmente en nuestro estado de serenidad más profundo.

El ego supone que las experiencias mayores son siempre la solución a los problemas más desalentadores de la vida. Personificado a menudo como un adicto a la adrenalina espiritual, el ego intenta usar los momentos de expansión espiritual para escapar de las circunstancias que no puede controlar. Ya sea por medio del empleo excesivo de plantas medicinales, de la dependencia de drogas que alteran la mente, del empleo de modalidades de sanación para intentar sentirnos de una determinada manera todo el tiempo, o incluso del uso de la meditación como una forma superficial de escapar de nuestras vidas, cuando tienen lugar experiencias místicas, el ego que permanece activo pasa a tener el anhelo de expandirse aún más.

A pesar de que el ego nunca logrará alcanzar los resultados que persigue, la búsqueda de experiencias más intensas garantiza que seguirá teniendo algo de lo que preocuparse, que anticipar y que lamentar. Puede preocuparse por el hecho de no encontrar nunca la claridad que anhela recibir, anticipar la llegada de experiencias más cargadas de energía e incluso lamentar las decisiones del pasado que piensa que son las razones por las que aún no ha obtenido sus anhelados logros espirituales.

Desde la perspectiva del alma, los estados de conciencia extáticos como la dicha, la unidad y el amor son expresiones potentes de las fuerzas energéticas más sutiles. Pero las experiencias espirituales más profundas no necesariamente indican la llegada de una vibración más alta. De hecho, las circunstancias más cotidianas pueden ser presenciadas por la vibración más alta que hay en nuestro interior. Dado que el alma es una manifestación de la conciencia permanentemente expansiva de la existencia, anhela volverse lo más sensible posible a las energías que toman forma en la vida. Contrariamente al ego, que se define a sí mismo por la intensidad de las experiencias, el alma se enfoca en estar totalmente implicada y receptiva con lo que ocurra en el momento, por más insignificante que pueda parecer.

Para el alma, no hay nada que haya sido creado que no constituya una contribución vital para nuestra evolución. Mientras que el ego pregunta a cada momento «¿qué puedes hacer por mí?», el alma, arraigada en una humildad sagrada, pregunta «¿en qué puedo servirte mejor?».

Incluso en las relaciones personales, si el ego no se ve constantemente complacido, colmado de satisfacción y aprobado a cada paso, experimenta una sensación de rechazo hacia la persona que no puede satisfacer su hambre insaciable de más. Desde el punto de vista del alma, el éxito de una relación radica en crear un vínculo que satisfaga por igual los deseos de ambos implicados. Mientras que el ego a menudo usa las relaciones para obtener su próximo gran subidón, el alma se enfoca en ser el compañero más comprometido posible, dispuesto tanto a dar como a recibir.

Para ser más receptivos a las experiencias vívidas de la energía de la Fuente, es importante que entendamos la relación que hay entre los estados pasivos y los estados de éxtasis.

## LAS OLAS Y EL OCÉANO SON UNO

Entre los estados pasivos y los extáticos hay una relación muy parecida a la que tienen las olas con el océano. Las olas constituyen la actividad continua del mar. Aunque siempre se agitan, son partes indivisibles de una realidad interconectada. Y así como las olas nunca pueden ser lo suficientemente grandes como para ahogar el océano, ninguna persona o circunstancia puede afectar adversamente a la luz de nuestra alma. Lo que sí pueden hacer es limitar o contraer el ego, ya que este es el que debe soportar todas las dificultades o sacrificios a lo largo de su proceso de deshacimiento. Si el océano es una metáfora de la energía de la Fuente, cada persona, lugar o circunstancia es una ola de divinidad que se desplaza por él.

Cuando nos alineamos con los cuatro fundamentos del amor propio, aquellas situaciones que anteriormente nos parecieron vicisitudes de la vida cotidiana adquieren un significado espiritual mucho más profundo. Desde este espacio oceánico de mayor receptividad, la voluntad de respetar la divinidad de los demás pasa a ser un reconocimiento más obvio y natural.

## LA INTEGRACIÓN ES TODO

Cuanto más grande es la ola, más tiempo tarda en secarse todo lo que ha empapado. Esto es cierto para las experiencias espirituales. Mientras que el ego cree que el mayor alivio solo puede provenir de las experiencias más intensas, el alma sabe que cuanto más expansivo es un encuentro, más tiempo puede llevar digerirlo, asimilarlo e integrarlo.

Podemos comparar esta experiencia con el proceso de recuperación después de una operación, en que el cuerpo puede tardar un tiempo prolongado en adaptarse a los efectos de la intervención médica. De la misma manera, nuestro campo energético necesita cantidades vitales de nutrición, tiempo y descanso para procesar los efectos transformadores de cada momento de expansión.

Un ordenador también nos ofrece una buena metáfora de cómo nuestro campo energético procesa la gracia de la expansión espiritual. Así como un ordenador necesita tiempo para reiniciarse tras la descarga de archivos grandes, nuestro campo energético pasa por extensos períodos de integración para asimilar todas las limpiezas, activaciones y expansiones que tienen lugar a través de las interacciones diarias.

Si un ordenador tuviera ego, podría asociar la descarga de archivos grandes con sensaciones de mayor sintonía espiritual. En el momento en que finalizase dicha descarga, el ordenador empezaría a procesar cada archivo, lo que su ego sentiría como si la experiencia de descarga hubiera desaparecido. Si esto fuera así, el ego del ordenador siempre estaría descargando, temiendo que en el momento en que se detuviera, dejaría de experimentar el estado expansivo.

Ocurre lo mismo cuando el ego persigue estados de conciencia extáticos. Lo que el ego a menudo interpreta como síntomas que requieren resolverse por medio de alguna modalidad de sanación son, muchas veces, indicios de una integración en curso. Esto significa que muchas de las experiencias que hacen que los egos busquen remedios curativos no son más que la manifestación de que se están integrando expansiones importantes. Incluso si no percibimos que se está produciendo la integración, estas sutilezas divinas deben asimilarse en nuestro campo energético para que puedan llevarnos a nuestro siguiente estadio evolutivo.

Como adicto a la adrenalina espiritual, el ego también lo es al contraste. Cuando está soltero, sueña con tener una relación de pareja. Cuando tiene una relación de pareja, anhela la libertad de la soltería. Podríamos poner muchísimos más ejemplos de la tendencia del ego a creer que los cambios en el entorno son la única forma en que puede sentirse mejor. Aunque es la integración del alma lo que deshace el ego, este es capaz de notar el flujo inicial de energía en expansión. Cuando se desvanece el pico del contraste emocional, empieza un proceso de integración.

En lugar de sentirnos energizados y animados como puede ocurrir durante la llegada de una mayor expansión, durante la integración es posible que nos sintamos cansados, agotados, melancólicos o con ganas de retraernos.

El ego cree que las experiencias espirituales lo cambian todo en una fracción de segundo pero no tiene la capacidad de respetar el proceso de integración, igualmente importante. Esto se debe a que la integración es la fuerza a través de la cual el ego regresa a la Fuente. Si el ego busca sanación, es solo para mantener los patrones de condicionamiento que la integración resuelve.

Es por este motivo por lo que los cuatro fundamentos del amor propio son tan esenciales para nuestro viaje espiritual. En lugar de percibir obstáculos a lo largo de la vida, podemos —siempre que estemos descansados, arraigados en el espacio, alineados con la respiración y en paz con el tiempo— reconocer oportunidades para ayudar a la asimilación correcta de la energía de la Fuente.

A medida que nos vamos implicando más con las expansiones e integraciones en curso, es probable que vayamos siendo más receptivos a una realidad espiritual más profunda, en lugar de perseguir grandes experiencias que solo van a asegurar que necesitaremos períodos más largos de descanso. Mientras que tomar una comida deliciosa puede proporcionar un momento de gratificación instantánea, el cuerpo pasa por un proceso mucho más largo para digerirla. De la misma manera, una expansión momentánea de la conciencia puede alimentar al ego con el contraste que desea, pero también supone el inicio de un período mucho más largo de rejuvenecimiento y renovación.

A causa de lo anterior, no hay necesidad de perseguir las experiencias espirituales que el ego puede desear. Al permitir que todo venga a nosotros, precisamente en el momento en que debe ser así, nos aseguramos de tener aperturas de conciencia perfectamente alineadas, que se integrarán de manera fácil y armoniosa. Para que esto suceda, debemos mostrarnos respetuosos y acogedores con el mundo de la energía sutil. Sabemos desde las profundidades de nuestra alma que son las experiencias más suaves las que, cuando las acogemos desde la vibración conciencial más elevada, revelan la sabiduría más profunda y la imagen cósmica más grande y memorable de nuestro destino.

## EL EGO NECESITA AMOR

Una de las razones por las que estar en sintonía con los cuatro fundamentos ayuda a la integración del ego es que debe recibir amor para poder deshacerse. El ego puede recordar los rechazos del pasado y no puede cumplir el proceso de integración si es rechazado de alguna manera.

Del mismo modo, ceder ante todos y cada uno de sus deseos no le puede proporcionar el alimento emocional que lo ayudará a completar su viaje. Es muy fácil que no le guste lo que siente durante la incubación —el tiempo que pasamos en el ego antes de que el alma comience a despertar y expandirse—, por lo que es esencial que estemos firmemente enraizados en los cuatro fundamentos. Debemos tener compasión y empatía por el ego, tanto el que surge dentro de nosotros mismos como el que se manifiesta en otras personas. De lo contrario, puede ser que desarrollemos un ego espiritual más resbaladizo y esquivo. Cuando ocurre esto, tendemos a encontrar defectos en otros egos y a entrar en conflicto con ellos. Y puede ser que tratemos de utilizar alguna modalidad de sanación para lograr experiencias energéticas mayores con el fin de escondernos de la realidad que vinimos a transformar.

Esto muestra que la receptividad emocional es una puerta de entrada intemporal a las realidades espirituales trascendentes. Si bien el ego busca la trascendencia para alejarse de los sentimientos difíciles, es la reconciliación de nuestras emociones lo que nos permite acceder a las revelaciones más profundas de la vida. A medida que nuestra vibración se eleva, más capacidad tenemos de incorporar y transmitir bienestar. Esto significa que cuanto más emocionalmente receptivos estemos, más altas serán las frecuencias de luz que podremos recibir en la conciencia y generar para los demás.

Mientras que el ego juzga cada sentimiento únicamente según lo doloroso o agradable que es, el alma ve cada emoción, mientras dura, como una oportunidad de amarse a sí misma. Por más frustrante, incómoda o aburrida que pueda parecer una experiencia, en lugar de tratar de cambiar cómo nos hace sentir, se trata de que cambiemos la forma en que la vemos y cómo respondemos a ella.

Como portadores de la luz de una nueva realidad, atrevámonos a concederle una atención más reflexiva a la inocencia de nuestras emociones, como actos de amor propio. Incluso cuando no deseemos acoger al ego, podemos tener ante nosotros una buena oportunidad de estar más descansados, más enraizados en el espacio, más alineados con la respiración y más en paz con el tiempo que nunca antes.

**Para ayudarte a incorporar los cuatro fundamentos del amor propio, reflexiona sobre la sabiduría contenida en la declaración siguiente o léela en voz alta:**

Acepto que la resolución no viene determinada por unas experiencias espirituales más intensas, sino por el hecho de permitir que las energías más sutiles sean aceptadas por la vibración conciencial más alta que ya está dentro de mí. Hago esto abrazando los cuatro fundamentos del amor propio como una forma de ayudarme a integrar el viaje de sanación que ya está en marcha.

Al tomarme el tiempo necesario para estar descansado, enraizado en el espacio, alineado con la respiración y en paz con el tiempo, doto de mayor profundidad a la relación sagrada que mantengo conmigo mismo. Desde este espacio, la receptividad emocional se convierte en una puerta de entrada a las experiencias espirituales trascendentes, que acuden a mí mucho más rápidamente de lo que puedo perseguirlas. Mientras ocurre esto, solo por el hecho de tomarme tiempo para ocuparme de mí estoy elevando mi vibración como anunciador del bienestar para inspirar al mundo a ser más solícito y compasivo. Así soy acogido.

Cuando podemos respetar el proceso de integración en la misma medida que nuestros deseos de gozar de estados expandidos o experiencias místicas, ha empezado a manifestarse la sabiduría y la madurez de un alma que está despertando. Desde este espacio, podemos percibir la diferencia entre lo que queremos y lo que necesitamos, dispuestos a abrazar la atmósfera de nuestra realidad del momento como parte del desarrollo de nuestra transformación más triunfante.

# CAPÍTULO 6

# LA
# PREGUNTA
# DE ORO

E n el nivel emocional, el paso del ego al alma transforma la agresividad de la reactividad excesiva en la diplomacia de la respuesta consciente. Esto ocurre a través de las cinco etapas de la rendición, de las que pronto te hablaré.

Para sentar las bases de la rendición profunda y sincera, que se trata en el capítulo siete, debemos incorporar una de las ideas espirituales más profundas con tanta contundencia que ello debe cambiar la forma en que interactuamos con la realidad. Es muy parecido a cruzar un punto de no retorno, situación en la que quien da el salto no es quien aterriza al otro lado. Hablando metafóricamente, se produce una transformación cuando se está en el aire; el ego que intenta cruzar el umbral es reemplazado por el alma en el momento de llegar al otro lado. Ahora bien, la metáfora del salto evoca un cambio rápido; sin embargo, cada uno de nosotros estamos codificados con el privilegio de un viaje que se desarrolla tan repentinamente o tan lentamente como necesitemos.

El ego está motivado para acelerar hacia un destino o para controlar el destino de los resultados. Pero cada experiencia es, de hecho, un regalo que debe ser desenvuelto, saboreado y disfrutado de principio a fin. El ego solo puede disfrutar los momentos que se ajustan a sus preferencias, mientras que el alma es capaz de acceder a una realidad mucho más profunda.

Para emprender nuestro viaje de rendición, es esencial que consideremos que todos los seres vivos son expresiones de la energía de la Fuente. Aunque esto tal vez te parezca una visión espiritual exagerada o sea un concepto que no has experimentado directamente, la profundidad con la que respetes esta verdad determinará el curso de tu maestría.

## LA ESENCIA DEL PERDÓN

En el núcleo de la rendición, lo que percibimos como una crítica personal es nuestro propio juicio del dolor de quien la ha formulado. Si bien es fácil interpretar como un ataque el juicio que alguien emite sobre nosotros, si echamos una mirada más profunda vemos a un individuo tan atrincherado en su viaje de sanación que seguramente no entiende que el único recurso que tiene a mano para experimentar un alivio momentáneo es proyectar sus frustraciones en los demás. Cuando estamos alineados con la energía de la Fuente, no tenemos que ser víctimas de los abusos de otras personas con el fin de crear espacio para su sanación. Del mismo modo, podemos agradecer las interacciones incluso con nuestros críticos más severos, que quizá solo hayan sido puestos en nuestra realidad para ayudarnos a limar algunas aristas más.

Imagina el alma como un bloque de mármol. Quienes parecen atacarnos con armas verbales o emocionales son las herramientas de un artista divino que las utiliza para moldearnos como las obras de arte que estamos destinados a ser. Esto revela el perdón verdadero como la oportunidad de perdonar a cada individuo por sus actos mientras nuestro mayor potencial se moldea, pule y abrillanta hasta llegar al resultado final.

**Para acceder a la esencia del perdón, reflexiona sobre las ideas contenidas en las preguntas siguientes:**

¿Y si las cosas pueden suceder sin culpar a ningún individuo en particular?

¿Y si puede haber dolor, angustia y traición sin asociar nada de ello con los personajes que llevan a cabo cada acto?

¿Y si culpar a los demás es una forma de separarse de la Fuente?

¿Y si mi regreso a la Fuente debe tener lugar por medio del perdón dirigido a los individuos vinculados a mis recuerdos más dolorosos?

¿Y si la Fuente dispusiera todas y cada una de las situaciones más allá de la noción de recompensa y castigo?

¿Y si tiendo a creer en la recompensa y el castigo porque una vez otros me culparon por los actos de la Fuente?

¿Y si la Fuente solo creara cada situación para inspirar un viaje de redención con el fin de elevar y sanar el mundo que me rodea?

¿Qué ocurre cuando todos y cada uno de los juicios y de las opiniones y conclusiones se devuelven a la Fuente?

## NUNCA HEMOS SIDO EL OBJETIVO

Aunque cada uno de nosotros hemos sobrevivido a los dramas insospechados del sufrimiento humano de una forma u otra, existe una razón muy profunda por la que ocurren las cosas que ocurren. Como expresiones de la energía de la Fuente, encarnamos en un planeta donde cada resultado e interacción ofrecen oportunidades prácticas de aplicar toda la sabiduría del cielo.

Empezamos a perdonar cuando recordamos que cada perpetrador es un mensajero de la divinidad y profundizamos en la esencia del perdón cuando reconocemos que también *nosotros* somos la energía de la Fuente disfrazada de individuos. Cuando recordamos nuestra verdadera naturaleza, empezamos a dejar de identificarnos como víctimas, porque reconocemos que nunca hemos sido el objetivo de los ataques de nadie. Nuestras experiencias de dolor, desesperación y confusión han sido en realidad los diversos grados de separación que la *humanidad* ha experimentado.

Somos la luz de la divinidad, realmente. Estamos experimentando la inconsciencia del mundo que hemos venido a transformar, como una etapa dentro del viaje de sanación que se desarrolla a través de nuestra supervivencia frente a cada dificultad. Antes de que podamos sanar el planeta, primero debemos conocer los patrones que están instaurados. Con esta finalidad, se nos coloca en el microcosmos de la estructura de un ego colectivo. Este microcosmos es conocido como *familia*. A lo largo de la educación que recibimos, se nos somete a un proceso de condicionamiento que nos lleva a ser iguales que los individuos que nos rodean, y así aprendemos los patrones que la Fuente pretende resolver a través de nosotros.

Al ego esto puede parecerle cruel o injusto, e incluso puede sentirse resentido con el universo. Pero hay que ver la vida como una película multidimensional. En lugar de juzgar los resultados de las primeras escenas, nuestra alma es consciente de que el viaje dura toda la vida. De esta manera permite que el segundo y tercer acto de la historia épica que es la vida compensen y resuelvan las circunstancias que constituyeron el inicio de la trama.

Todo ataque es la negación inconsciente del ego de su propia divinidad encarnada en una forma. Todo abuso es un intento del ego de controlar y dominar. Todo rechazo es un mayor alejamiento del ego respecto de la Fuente cuando no se sale con la suya.

Aunque es posible que hayamos comenzado nuestro viaje como víctimas de las circunstancias, cada dolor y dificultad contribuye a nuestra expansión cuando recordamos que la luz de la divinidad está oculta en cada forma. Esta sanación se vuelve más profunda a medida que vamos reconociendo que la energía de la Fuente solo soporta las dificultades con el fin de establecer un viaje de sanación más profundo para el bienestar de todos. Aunque nosotros seremos los primeros en expandirnos, a lo largo de un período auspicioso de tiempo todas las personas, todos los lugares y todas las cosas empezarán a suavizarse ante nuestros ojos, a medida que el mundo vaya reflejando la mayor vibración conciencial que estamos cultivando.

Aunque no se nos pueda culpar, como individuos, por la inconsciencia de la humanidad, hemos encarnado en la Tierra para participar en una transformación colectiva de la realidad. A medida que este proceso se despliega, la verdad de la energía de la Fuente va despertando, no solo en determinados individuos, sino a escala global. Esto puede ayudarnos a reconocer que nuestro viaje personal es potente, ya que constituye una de nuestras mayores contribuciones a la sanación de este planeta.

Quizá la esencia del perdón consiste en recordar que la vida es como una película interactiva en que la Fuente se encuentra con la Fuente con el único propósito de desarrollar un argumento que culminará con la transformación de cada personaje. A medida que el perdón va ablandando nuestro corazón para que finalmente acontezca la rendición más profunda, cualquier cosa que hayamos hecho a los demás o que los demás nos hayan hecho puede ser sanada en lugar de que sigamos albergándola.

---

**Para permitir que la esencia del perdón te ayude a prepararte para los cinco niveles de la rendición, reflexiona sobre lo que descubres al responder las preguntas siguientes:**

¿Cómo sería mi vida si no tuviera nada en contra de mí o de otras personas?

¿Y si las cualidades y los actos menos loables de cualquier individuo reflejan lo profundamente arraigado que está en el ego?

¿Es posible que el comportamiento inconsciente o la crueldad de los demás no tengan nada que ver conmigo?

¿Puedo ver cada momento de desesperación como una muestra de que la humanidad está separada de la Fuente?

¿Estoy listo para sanarme y efectuar, así, una gran contribución a la evolución de la Tierra?

¿Y si mi rendición más profunda tiene lugar para ayudar a que otros individuos despierten con mayor facilidad?

¿Y si la vida fuese demasiado perfecta para ser injusta?

¿Estoy dispuesto a seguir avanzando en el «argumento» de la realidad para ver cómo todo confluye para mi mayor beneficio evolutivo?

¿Puedo perdonarme a mí mismo y perdonar a los demás como una forma de alinearme con la perfección de la Fuente?

A medida que el agarre del victimismo se va aflojando, vamos viendo nuestro mundo a través de unos ojos totalmente nuevos. Esto significa que podemos ver mayores oportunidades en cada momento. Cuando nos atrevemos a vivir en favor de la evolución del mundo, es sorprendente lo menos aterrador que pasa a parecernos un determinado lugar. Cuando no nos estamos incubando en el ego, no nos cerramos y no nos quedamos estancados en el pasado.

Como ya hemos sobrevivido a todas las dificultades que la vida nos ha deparado, ha llegado el momento de que unamos todas las piezas para descubrir la totalidad que lo libera todo.

## EL ALMA EVOLUCIONA SIEMPRE

Una de las cualidades más fascinantes del alma es su capacidad de recuperación y su determinación a evolucionar bajo cualquier circunstancia. El ego cree que el crecimiento interior solo puede producirse bajo sus términos y condiciones; es como si solo estuviera dispuesto a evolucionar cuando le apetece. Si bien no siempre tenemos que sentirnos incómodos para expandirnos, tampoco tenemos que evitar unas realidades que lo único que están haciendo es invitarnos a brillar.

Nuestro deseo más íntimo es permitir que cada resultado nos vaya moldeando como la obra de arte que estamos destinados a ser y que confirma nuestra vibración conciencial angélica más elevada.

Con este fin, es esencial que abandonemos la estructura del ego, que la vida va a derribar de todos modos. Cuanto menos dejemos esta tarea para la vida, más placentero y armonioso será nuestro viaje. Si bien muchas personas intentan deshacer su ego lo más rápido posible, este plan basado en la obtención de unos resultados solo crea *más* patrones para resolver, generalmente. Para trascender el ego, el enfoque más sabio y amoroso es siempre el mejor.

Ahora estamos preparados para que los cuatro fundamentos del amor propio, que exploramos en el capítulo cinco, constituyan la base de nuestra rendición más sincera y profunda. No se trata de abandonar el ego. Más bien debemos estar dispuestos a liberarlo, como cuando una oruga se ha transformado en mariposa y debe salir del capullo. En la «metamorfosis» del ego en alma, el viaje de la rendición significa atreverse a abrirse al misterio de la vida y sumirse en él. No hay que imaginar un momento decisivo de renuncia; tiene lugar un proceso, que se desarrolla a lo largo de cinco etapas.

## LA EXPLORACIÓN DE LA PREGUNTA DE ORO

Una de las cinco etapas de la rendición es la pregunta de oro. Como siempre, al contemplar un asunto codificado con tanta energía, no se trata de buscar una «respuesta». Se trata más bien de *sentir*. Con apertura, silencio, serenidad y expansión, podemos escuchar la pregunta de oro y reflexionar sobre la sabiduría que contiene.

La pregunta de oro puede formularse como una práctica espiritual diaria o se puede acudir a ella durante los momentos de crisis. En cualquiera de los casos, nos ayuda a desengancharnos de la carga del victimismo tomando en consideración un punto de vista exclusivo del alma. La pregunta de oro nos invita a considerar lo siguiente:

¿Y si las peores cosas que me han sucedido han sido las mejores oportunidades que se me han dado?

Para poder captar totalmente esta verdad, recuerda cuál es el enfoque principal del alma. Desde su punto de vista, es más importante reflexionar y responder con apertura que sentirse una víctima. En cambio, el ego esencialmente nos induce a caer en el victimismo o en la guerra (*WAR*) interna cuando no somos conscientes de los beneficios y las oportunidades que nos trae cada momento.

Tanto si encontramos tiempo para respetar, reconocer y acoger cada circunstancia en un nivel más profundo como si tomamos decisiones más empoderadas que fomenten nuestra sintonía con los cuatro fundamentos, podemos dar un gran paso adelante a cada momento. Todo depende de cómo elijamos responder.

## ENCONTRAR LA VERDADERA SEGURIDAD

Como resultado de las experiencias que hemos tenido, es muy natural que nos sintamos inseguros en el mundo que nos rodea. Sin embargo, desde la perspectiva del alma, solo con que soportemos cada acontecimiento duro —tanto si nos parece cruel o absurdo como totalmente justificado— obtenemos como regalo un beneficio evolutivo. Cada uno de estos regalos permanece inactivo en nuestro campo energético como una cuenta de ahorros oculta que acumula riqueza. Esta riqueza es una iluminación cada vez más profunda. Contrariamente a la visión del viejo paradigma espiritual según la cual solo evolucionan aquellos que tienen siempre el mejor comportamiento emocional, el nuevo paradigma ofrece una visión más inclusiva.

Tanto si respondimos conscientemente a esas circunstancias imprevistas e inevitables como si no lo hicimos, solo por el hecho de *tener* esas experiencias ya tenemos codificados en nuestro interior los beneficios transformadores a los que iban asociadas. De todos modos, el cultivo de la conciencia centrada en el corazón nos permite reconocer e integrar más plenamente estos regalos de nuestro pasado y de nuestro futuro en nuestra vida diaria.

Una vez que hemos despertado y recibido todos estos regalos latentes, no existe ningún pasado pendiente de resolver.

Por todo ello, el alma reconoce la seguridad como una sensación de libertad interior, derivada de lo orgullosos que estamos de haber podido sobrevivir a los momentos más inconcebibles. En cambio, y a diferencia del alma, el ego percibe la seguridad como una joya perdida desde hace mucho tiempo; se la arrebataron los sucesos «injustos».

Por supuesto, independientemente de cuál de los dos puntos de vista nos parezca verdadero en este momento, no tienen por qué gustarnos los tormentos que hayamos soportado. Igualmente, siempre podemos reconocer que el poder infinito de la energía de la Fuente nos sacó milagrosamente de nuestro peor momento.

Si gozamos de la conciencia que nos permite asumir que el alma se encuentra en expansión, estamos mucho más a salvo de lo que podríamos pensar. Quienes aún se encuentran en entornos inseguros o en relaciones tóxicas tal vez no tengan el tiempo o la capacidad de reflexionar acerca de su evolución espiritual; pero el hecho de que tú estés aquí, leyendo estas palabras, confirma que estás muy a salvo y que estás dispuesto a revelar nuestra mayor victoria.

Mientras que el ego cree que no puede evolucionar hasta que se sienta seguro, el alma sabe que el descubrimiento de la verdadera seguridad no es un asunto físico, sino espiritual. Es el resultado final de nuestra voluntad de evolucionar. Solo con que hagamos la pregunta de oro (¿y si las peores cosas que me han sucedido han sido las mejores oportunidades que se me han dado?) se produce un despertar interior en nosotros.

Dado que el ego es incapaz de existir fuera de la guerra (*WAR*) interna de la incubación, solo puede utilizar esta pregunta para fomentar su queja. El ego puede reconocer los momentos de dolor y desdicha, e incluso saber intelectualmente que el sufrimiento puede tener un propósito mayor. Pero como esos momentos pertenecen al pasado, el ego permanece aislado en la culpa y la vergüenza, imaginando que no aprovechó esas oportunidades para el crecimiento interior.

Aunque los peores momentos puedan haber quedado muy atrás, los beneficios evolutivos obtenidos del pasado están listos para activarse en el momento en que se abre el corazón. Cuanto más a menudo sintonicemos con los cuatro fundamentos del amor propio, más fácil nos será reconocer las opciones más potentes que tenemos siempre disponibles.

Cuanto antes se conviertan nuestras vidas en un lienzo en el que «pintemos» nuestras decisiones más valientes, más hermoso podrá ser cada momento. En presencia de la belleza divina, nuestra alineación de corazón con la energía de la Fuente nos brinda la seguridad, el apoyo y el aliento que ninguna persona, lugar o cosa puede garantizarnos. Mientras el ego mora en el pasado dando vueltas a los resultados que nunca deberían haberse producido, el alma mira hacia delante y no tiene necesidad de mirar hacia atrás. De hecho, ahora que el pasado se ha ido, el alma solicita la guía y la gracia de la Fuente para moldearlo de la mejor manera posible.

## EXPERIMENTAR LOS PROPIOS SENTIMIENTOS

Ya sea integrando las expansiones de conciencia que se manifiestan como una crisis curativa o por medio del anhelo de liberarse de la incubación del ego, la rapidez con la que tiene lugar la evolución del alma depende directamente de la velocidad a la que vamos asentándonos en el corazón. El mayor enraizamiento en el corazón es el valor de la receptividad emocional. Para que seamos más receptivos y respondamos en lugar de que seamos tan críticos y reaccionemos, el nuevo paradigma resalta la importancia de experimentar los propios sentimientos. A medida que vamos haciendo las paces con nuestras emociones, vamos descubriendo una sensación de seguridad inquebrantable, dentro de la cual podemos sentirnos vivos y libres, y expresar plenamente nuestras capacidades en el mundo.

Muy a menudo, el ego intenta lidiar con las emociones fomentando diversos desequilibrios entre las energías masculina y femenina. Cuando está desequilibrado en favor de lo masculino, el ego piensa demasiado en cada sensación; cree que por el hecho de comprender mejor cada sentimiento podrá acabar con la incomodidad. Cuando está desequilibrado en favor de lo femenino, el ego se ve abrumado por los sentimientos; a menudo reacciona agresivamente o se encierra en respuesta a los desencadenantes emocionales. Cuando las polaridades energéticas internas están equilibradas, el alma experimenta cada sensación de una manera que honra y respeta los desechos emocionales que son expulsados del campo energético de la persona.

Los sentimientos negativos nos ofrecen la oportunidad de eliminar capas de condicionamiento que llevamos a cuestas desde hace vidas. Mientras tanto, el surgimiento de emociones positivas confirma la activación de los regalos latentes que recibimos en el pasado. Al hacer las paces con cada sentimiento y permitir que los desencadenantes emocionales inspiren un mayor cultivo de las cualidades *RAW* (respeto, reconocimiento, acogida), podemos liberar el espacio necesario para que tenga lugar una mayor expansión de nuestro campo energético.

Esto no significa que nunca tendremos un arrebato o que los demás ya no nos harán saltar. Significa que nuestras emociones estarán equilibradas de forma más consistente, y que gozaremos de la conciencia que nos permitirá sentir sin pensar demasiado, reaccionar agresivamente o encerrarnos.

Puesto que el camino de la rendición es el proceso por el cual pasamos del ego al alma, es natural que estallen oleadas emocionales. A medida que vayamos aprendiendo a experimentar este cambio desde la perspectiva del alma, cada recuerdo que surja se convertirá en una oportunidad vital para establecer una relación sagrada con nuestra propia inocencia. Quizá esto signifique ser el tipo de padre que siempre quisimos ser o convertirnos en el amigo que siempre está ahí para nosotros; incluso puede ser que le hablemos a nuestro corazón como si fuese nuestro amado eterno.

Cuando nos atrevemos a abrirnos, incluso en medio de las circunstancias emocionales más extremas, invitamos a la perfección de la energía de la Fuente a que nos transforme para el bienestar de todos.

## LA VERDADERA LIBERTAD EMOCIONAL

Afrontar los propios sentimientos consiste en experimentarlos desde la perspectiva del alma. Esta separa las distintas respuestas emocionales de los personajes que parecen activarlas. De hecho, esto es el perdón en acción. Una vez que podemos estar atentos a cada sentimiento sin repartir culpas, le dedicamos a cada uno la atención inamovible del amor incondicional, lo cual facilita niveles de sanación más profundos.

El punto de vista del ego es prácticamente opuesto al del alma. El ego no puede sentir sin emitir juicios o atribuir culpas. Puesto que está formado por un conjunto de condicionamientos inconscientes, es incapaz de separar el efecto de la causa. El ego mantiene el sufrimiento personal al identificarse con el viaje de sanación en lugar de transformarlo.

El ego, que debe ser respetado por ser el alma en sus fases de expansión más latentes, trabaja incansablemente para *personificar* las cualidades del alma que emergen fácilmente a la superficie cuando despertamos la conciencia centrada en el corazón.

**Con el objetivo de emprender tu despertar o incentivarlo, lee las palabras siguientes, en silencio o en voz alta. Como siempre, es esencial que sintonices con los sentimientos viscerales de la infinita sabiduría del cuerpo para confirmar tus percepciones más elevadas.**

Acepto que mi papel en la expansión de mi campo energético, la curación de mi cuerpo y el despertar de mi conciencia consiste en separar mis sentimientos de quienes creo que me hacen sentir de esta manera. En lugar de creer que una persona dada me ha hecho sentir lo que siento, acepto que cualquier individuo dado no puede hacer más que sacar a la luz las emociones que siempre han habitado dentro de mí esperando la llegada del momento perfecto en que serían resueltas. Al reconocer que cualquier creencia enjuiciadora o culpabilizadora es una consecuencia del condicionamiento inconsciente, declaro que retiro el ciclo del abuso, el victimismo y la codependencia de todos los aspectos de mi campo energético y de mi realidad. Aunque pueda sentir que los demás son los culpables de algo, reconozco esto como patrones del ego que reclaman mi atención amorosa a medida que se van deshaciendo e integrando en la luz del espacio de mi corazón divino. Además, reconozco que los desechos emocionales solo han estado latentes en mi campo energético para que pueda contribuir a elevar la vibración de la humanidad al sanar las emociones que recibí de mi familia.

Sabiendo que esto es así, permito que todas las energías, creencias, huellas, linajes genéticos, patrones ancestrales, condicionamientos inconscientes y memorias celulares que no son míos y que no me pertenecen, y que nací para resolver, sean expulsados de este campo energético, devueltos a la Fuente de donde proceden y totalmente transmutados para el bienestar de todos. De ahora en adelante, me entrego a la luz de mi más alta autoridad divina, capaz de acoger cualquier emoción como una oportunidad de permitir que mi amor sea más incondicional de lo que nunca ha sido.

Ya no necesito el sufrimiento para crecer, ahora que ya no asocio mis sentimientos con los individuos. De ahora en adelante, ya no posibilito que los demás ignoren su propia luz al faltarme el respeto. Acepto la conciencia que ya está despierta dentro de mí que sabe cuándo salir de las relaciones y dejar espacio para que acudan unas realidades vibratorias superiores a partir de los comportamientos que observo en los demás.

Con esta declaración, reclamo mi poder completo y absoluto, me mantengo firme en el reconocimiento de mi verdad más elevada y en mi disposición a comportarme según esta verdad, y me manifiesto como un ancla viviente de la conciencia centrada en el corazón. Así es.

Por más convincentes que puedan ser nuestras percepciones o sentimientos, cuando ya no creemos que la verdad es que nuestros sentimientos son provocados por determinados individuos o sucesos, podemos sanar heridas emocionales en el nivel celular, al mismo tiempo que ayudamos a la humanidad a ver a través del velo de la separación.

Si los actos de determinados individuos no nos hacen sentir bien, se trata o bien de una oportunidad de abandonar la tendencia a culpar a los demás, o bien de una señal de que estas relaciones han cumplido su propósito más elevado y ya no nos sirven en el viaje que tenemos por delante. La respuesta está determinada por la claridad de nuestra conciencia. La medida de esta claridad es la cantidad de gente a la que tendemos a echar las culpas: cuantas menos son las personas a las que culpamos, más clara está nuestra conciencia. Incluso si seguimos culpando a una sola, nuestra evolución se detiene hasta que renunciemos a esta creencia. Este es el núcleo de la verdadera libertad emocional.

**Para ayudarte a incorporar los descubrimientos asociados a la pregunta de oro, reflexiona sobre la sabiduría que contiene la declaración siguiente, o léela en voz alta:**

Acepto que todo está aquí para ayudarme, por más molesto, doloroso, confuso o frustrante que me parezca. A través de la sabiduría contenida en la pregunta de oro, me permito aceptar las peores cosas que me han sucedido como las mejores oportunidades que se me han dado para crecer y evolucionar.

Al diferenciar el efecto de mis sentimientos de la culpa que asigno a los individuos que parecían causarlos, me permito sentir mis emociones de todo corazón, para contribuir así a mi propio viaje de sanación, así como a la expansión de todos. Desde este espacio de mayor seguridad, activo el poder del verdadero perdón perdonando a los individuos que tengo en mente y recordádome que no fui el verdadero objetivo de ningún ataque.

Estoy presenciando las muchas formas en las que la energía de la Fuente regresa a su verdadera naturaleza a través del despertar de cada corazón. Esto supone el final de mi primera etapa en el viaje de la rendición, lo cual supone el inicio de una etapa nueva y emocionante, en la que todo debe ser acogido y nada inculpado. Así alcanzo la redención.

---

Para resumir lo que llevamos de viaje, el nuevo paradigma de la evolución espiritual consiste en explorar la conciencia centrada en el corazón. Tiene lugar una transición intemporal del ego al alma, que se produce cuando la conciencia se combina con la resolución para inspirar una mayor expansión energética. Primero, tomamos conciencia de las tres actividades del ego (recogidas en el acrónimo *WAR* 'guerra': *worry* 'preocupación', *anticipation* 'anticipación' y *regret* 'queja, lamentación'), a lo cual sigue la resolución de cultivar la luz al afinar las cualidades naturales del alma, recogidas en el acrónimo *RAW* 'natural': *respect* 'respeto', *acknowledge* 'reconocimiento' y *welcome* 'acogida'. A medida que los patrones de la guerra (*WAR*) interna se van transformando por la acción de los atributos naturales del alma (los factores *RAW*), todo presunto enemigo puede convertirse en un aliado espiritual encubierto.

Cuando ocurre esto, los aliados representan hitos de la evolución espiritual, así como patrones de residuos emocionales que estamos eliminando de nosotros mismos y de quienes nos rodean. Cuando aprendemos a respetar, reconocer y acoger simultáneamente a través del poder de la respiración, equilibramos nuestras energías masculina y femenina para transformar el conflicto personal en la belleza de la relación sagrada.

Para ayudarnos a impulsar el florecimiento de la relación sagrada en nuestro interior y en todo, continuamos expandiendo el brillo de nuestra alma cuando nos alineamos con los cuatro fundamentos del amor propio. Cuando estamos preparados para estar integrados en la misma medida en que estamos expandidos, el victimismo del ego se deshace a través de las cinco etapas de la rendición. Empezamos con la pregunta de oro, por medio de la cual nos atrevemos a considerar que los peores momentos de nuestra vida han constituido algunas de las mejores oportunidades que hemos tenido de expandirnos y crecer. Al atrevernos a evolucionar de la manera más centrada en el corazón, no solo vamos transformando nuestra realidad individual, sino que también estamos contribuyendo al punto de inflexión colectivo que está despertando al mundo como uno (*ONE*).

# CAPÍTULO 7

# LAS CINCO
## ETAPAS DE LA
# RENDICIÓN

Mientras que el ego permanece torturado por la necesidad de entregar el control a las manos silenciosas y, a menudo, inexplicables del destino, las vicisitudes del viaje constituyen el curso de maestría más emocionante y gratificante posible para el alma. La razón por la que el ego nunca puede rendirse con éxito es porque él es precisamente lo que hay que rendir. Cuando el ego trabaja para rendirse, a menudo mientras mira el universo a través de las gafas del castigo y la recompensa, y concluye que no sabe cómo hacerlo, ha llegado lo más cerca que puede llegar a estar de la rendición.

Cuando se puede aceptar el no saber, se está preparado para entrar en la fase profunda de la evolución espiritual. Se puede hacer una analogía con lo que siente el corredor de relevos cuando, al final de su tramo de carrera, sabe que debe entregar el testigo que lleva al siguiente corredor, y se lo da. Es un abandono y un soltar. Admitir lo que no sabemos es la máxima expresión del soltar. Cuando esto se vive desde el punto de vista del ego, a menudo puede experimentarse culpa, vergüenza, depresión o una sensación de inutilidad.

Mientras que el ego ve lo desconocido como una gran pérdida o un gran vacío, el alma experimenta cada momento de cambio imprevisto como el final de lo viejo y el *comienzo* de algo nuevo.

Cuando estamos en sintonía con el alma, no tenemos que estar entusiasmados con las perspectivas de desolación, pérdida o desconocimiento para permanecer abiertos al destino del potencial infinito. Desde el punto de vista del alma, las personas, los lugares y las cosas son disfraces que usa la Fuente, y solo desempeñan el papel que ayudará a que nuestra luz salga de su escondite. Cuando estamos perdidos en el ego, la vida consiste en una búsqueda estresante del placer para evitar la carga del dolor, mientras cada individuo es juzgado por unos actos que se planificaron en un nivel de la realidad que se encuentra más allá de la noción de la elección individual.

La disposición a la rendición se produce a través de momentos de «no saber», que pueden deberse a una pérdida reciente o a que nos encontremos al borde de la desesperación personal. Esto no significa que andemos por ahí negándonos a entender, eludiendo nuestras responsabilidades o rechazando las perlas de comprensión que nos lleguen. Más bien nos encontramos en un estado de serenidad en el que podemos ser honestos acerca de nuestro dolor mientras permanecemos abiertos a un proceso que va mucho más allá de las creencias que hubiésemos albergado en cuanto a lo que es justo o injusto, correcto o incorrecto.

**Para prepararte para las cinco etapas de la rendición, reflexiona acerca de la sabiduría contenida en las preguntas siguientes como una forma de aceptar la belleza del no saber. Como siempre, lee cada pregunta, en silencio o en voz alta, y siente la verdad contenida en un punto de vista más amplio.**

¿Por qué necesito saber lo que no sé en estos momentos?

¿Y si disponer de un conocimiento más profundo no cambia lo que siento?

¿Y si todo acude a la mente en el momento exacto en que debe ser conocido?

¿Estoy dispuesto a confiar más en lo que no sé que en lo que considero que es verdad?

¿Cómo sería este momento si me permitiera estar abierto sin necesidad de saber, resolver o aclarar nada?

¿Puedo ver que incluso cuando me brindan un conocimiento más profundo esto solo incrementa mi hambre de saber más?

¿Ha habido alguna ocasión en la que el hecho de saber me haya llevado a no necesitar saber?

¿Permitiré que la vida lo sepa todo en mi nombre y me proporcione cada información según sus términos y condiciones?

Tanto si sientes apertura y relajación en respuesta a cada pregunta como si experimentas reactividad emocional, acoger la belleza del no saber es el primer paso que puedes dar para salir del calabozo que son las creencias personales.

## PRIMERA ETAPA: EL FIN DEL ABANDONO PERSONAL

Si bien algunas de nuestras heridas más profundas provienen de que nos sentimos abandonados por alguien, es sorprendente ver con qué frecuencia nos abandonamos a nosotros mismos a través de la forma en que vemos la vida. Es natural percibir a través de las gafas de la culpa en el momento del impacto emocional, pero cada etapa de la rendición nos ofrece tiempo y espacio para que reagrupemos y apliquemos nuestros puntos de vista más favorables a nuestra evolución.

Está bien sentirse maltratado por alguien o traumatizado por las circunstancias. Esto revela la ira como un guardián fiel que nos recuerda lo abrumados que estamos por los resultados actuales. Puesto que, inevitablemente, usaremos cada trauma como un catalizador para nuestro crecimiento más profundo, esta ira nos informa, como un compañero fiel, de que lo más importante para nosotros en esos momentos es estar atentos a nuestras propias experiencias.

Cuando las oleadas de emoción empiecen a calmarse, podemos preguntarnos: «Aunque me siento ofendido, ¿qué voy a hacer al respecto?». ¿Permitiremos que las experiencias de decepción o incluso de crueldad inspiren nuestras decisiones más valientes y nuestra voluntad de evolucionar?

Cuando vemos a los demás como individuos que nos han hecho daño, tiene lugar un momento de abandono personal. En lugar de permanecer presentes ante la desolación que experimentamos, podemos sentir la necesidad de alinearnos con el ego, lo cual hacemos cuando optamos por culpar al otro.

Si bien parece casi instintivo ver la vida como la sucesión de maneras en que nos tratan los demás, el dolor a menudo confirma la rapidez con la que estamos pasando del ego al alma cuando nos enfocamos en cultivar nuestras cualidades más divinas. Desde la perspectiva del alma, el dolor representa los primeros pasos hacia el abandono de la identidad y los puntos de referencia de una vieja realidad mientras nos abrimos paso hacia una nueva forma de ser, que corresponde a un nuevo paradigma. Cuanto más se intenta acelerar este proceso, más insoportable se vuelve.

**Para terminar con la agonía del abandono personal, entramos en la primera etapa de la rendición haciendo la pregunta siguiente:**

¿Estoy viendo este momento de una manera que me ayuda o que me duele?

Desde el punto de vista del ego, la vida es un juego de mí contra ti o nosotros contra ellos. Pero desde la perspectiva del alma, los personajes son como instrumentos que ayudan a desarrollar y descubrir la melodía de nuestra vibración más alta. Incluso cuando la fricción del conflicto parece dividir a las personas, como almas estamos trabajando juntos para desempeñar los roles que nos permitirán justamente despejar, activar y despertar nuestro verdadero resplandor. Cuanto más nos alineemos con la energía de la Fuente, más fácil nos parecerá cada momento de transformación. Esto no significa que seamos inmunes a la decepción, la angustia o la desolación, pero sí que somos muy conscientes de la frecuencia con que la vida nos da la oportunidad de crecer y expandirnos. Lo dispuestos que estamos a extendernos y recrearnos en una forma más refinada es un testimonio de la naturaleza extremadamente liberada de nuestra alma.

Al ego, la disposición del alma a crecer bajo la amenaza de cualquier circunstancia le parece estúpida, miope y loca. Esto se debe a que el ego solo puede interpretar esta realidad desde la preocupación, la anticipación y la queja.

Durante estas etapas de incubación, tenemos poca o ninguna conciencia de responsabilizarnos de nuestra visión de las cosas. Esto se debe a que a menudo estamos demasiado abrumados por el dolor de la pérdida o la desesperación ansiosa debida a un cambio inevitable.

A lo largo de la primera etapa de la rendición, respetamos la densidad de nuestros sentimientos, reconocemos que cada pensamiento, creencia o conclusión tienen derecho a existir y acogemos cada experiencia, por más surrealista, injusta o desagradable que parezca. Lo logramos cuando renunciamos a cualquier tendencia al abandono personal, y esto lo hacemos cuando prestamos atención a si estamos beneficiando o perjudicando nuestra experiencia debido a la forma en que la vemos.

Las personas, los lugares y las cosas van y vienen según su propio ritmo y trayectoria. Son «metidos» y «sacados» de nuestra realidad para instigar cambios. Cuanto más dispuestos estemos a darnos a nosotros mismos un firme apoyo emocional, menos probable será que atribuyamos a los actos de los demás el motivo de nuestro dolor.

## SEGUNDA ETAPA: DISOLVER EL APEGO

Rendirse es la voluntad de desapegarse. Muy a menudo, el obstáculo a esta claridad, paz y libertad es el apego a que las cosas parezcan o vayan de una determinada manera. Si bien es maravilloso que los sucesos inevitables de la vida coincidan con nuestros deseos más profundos, no nos encontramos libremente con cada momento cuando necesitamos que este se ajuste a nuestros términos y condiciones personales.

Cuando nos apegamos a un resultado, la comprensión se transforma en discusión, la comunicación crea conflicto y la benevolencia se convierte en culpa. Cuando los apegos se disuelven, somos capaces de abrazar de todo corazón las profundidades de nuestra propia experiencia, al tiempo que respetamos la verdad de los demás, por más que difiera de la nuestra.

Cuando estamos en el ego, insistimos en que los demás acepten que tenemos la razón. Como almas, permitimos que todo el mundo sea escuchado sin que nadie tenga que cambiar su posición o punto de vista.

---

**Para avanzar hacia la siguiente etapa de la rendición, es importante deshacer los tres apegos principales que hacen que permanezcamos en el ego. Explóralos tomando en consideración la pregunta siguiente:**

¿Qué temo admitir, perder o ganar?

---

Preguntarnos qué tenemos miedo de admitir, perder o ganar es una forma de ver a través de la fachada del simbolismo. Es la diferencia entre la forma en que son las cosas y lo que personalmente significan para nosotros.

Aunque un pastel de manzana de una tienda pueda tener un aroma similar al que hizo nuestra abuela, si le damos un bocado, esto no significa que estemos comiendo una porción de su pastel. Cuando despertamos del sueño de los símbolos, todo tiene la libertad de existir sin encarnar un significado personal que quizá solo nosotros hemos creado.

Las relaciones ofrecen un ejemplo perfecto de lo que quiero decir. Si bien un matrimonio simboliza el compromiso entre dos compañeros, solo puede representar la conexión mientras ambas personas lo deseen. Cuando uno de los compañeros ya no siente lo mismo que el otro, esto puede implicar la transformación o incluso la disolución de la relación, según lo que represente simbólicamente para ambos. Si un compañero define nuestra existencia, ¿qué ocurre con nuestra existencia si esa relación termina?

Cuando se está en el ego, las realidades se desmoronan a medida que cambian los símbolos. Puede ser desilusionante descubrir que lo que siempre ha simbolizado algo para nosotros puede significar algo completamente diferente para otra persona. A menudo conduce a momentos de profunda exasperación el hecho de que la persona a la que conocíamos y amábamos cambie, para bien o para mal. En lugar de respetar el dolor de la pérdida o apoyar el cambio del otro, tendemos a aferrarnos a cada símbolo para mantenerlo intacto como una forma de evitar la desolación de un ego en proceso de disolución.

Para disolver nuestros apegos a los símbolos, para que podamos enfrentarnos a la realidad tal como es, abandonemos la tendencia a decirnos lo que significan las cosas: atrevámonos a experimentar cada momento sin sacar conclusiones. ¿Y si el final de una carrera profesional no tiene que simbolizar que nuestro sustento está en riesgo? ¿Y si la disolución de una relación no significa la muerte del amor? ¿Y si la traición del otro no indica que seamos menos en ningún sentido? ¿Y si la opinión de otra persona no tiene nada que ver con la forma en que nos vemos a nosotros mismos o en que la vemos a ella?

En el núcleo de la rendición, llegamos a ver que tendemos a oponernos a los resultados o a negar las circunstancias debido a cómo cambian, limitan o distorsionan nuestro sentido del yo. Cuando estamos arraigados en el ego, nuestro sentimiento de valía va y viene según las circunstancias; cambia como los patrones climáticos, solo que en este caso estamos hablando del clima emocional. Desde el punto de vista del alma, no nos sentimos enojados, heridos ni decepcionados a causa de los sucesos, sino por lo que creemos que es verdad acerca de nosotros en relación con cada uno de esos sucesos. Por este motivo, en la segunda etapa de la rendición nos preguntamos qué tememos admitir, perder o ganar.

**Para explorar la segunda etapa de la rendición a un nivel más profundo, reflexiona sobre la sabiduría contenida en las preguntas siguientes:**

¿Qué tengo miedo de admitir sobre mí mismo que sé que se manifestará cuando las cosas no vayan a mi manera?

¿Qué temo que sea verdad acerca de mí que me avergüenza y me hace compensarlo en exceso en la vida para demostrarme que esa creencia es incorrecta?

¿Qué es lo más doloroso que creo de mí mismo cuando nadie está mirando?

¿Qué es lo que define mi sentido del yo que tengo más miedo de perder?

¿Quién creo que sería si no tuviese eso?

¿Qué es lo peor que temo tener que afrontar? (Ejemplos: una enfermedad, un enemigo, una deuda..., cualquier tipo de adversidad).

¿Qué conclusiones sacaría si tuviera que enfrentarme a eso?

¿Cómo cambia la vida cuando veo cada cosa como una creación individual, en lugar de lo que simboliza o significa para mí personalmente?

Cuando cada persona, lugar y cosa se convierten en una expresión viva de la energía de la Fuente, en lugar de ser un reflejo de nuestras ideas más limitantes, somos capaces de aceptar la verdad de la realidad, tanto si parece satisfacer nuestras necesidades como si parece conspirar contra nosotros. Desde este espacio, ya no utilizamos los actos de los demás para inspirar la autocrítica, y permitimos que las ganancias y las pérdidas aparezcan y se vayan sin aferrarnos desesperadamente a ellas.

## TERCERA ETAPA: IR MÁS ALLÁ DE LAS CREENCIAS LIMITANTES

La pregunta de oro forma parte de las cinco etapas de la rendición. Recordémosla:

¿Y si las peores cosas que me han sucedido han sido las mejores oportunidades que se me han dado?

Un cambio de perspectiva tan enorme les da suficiente espacio a nuestras experiencias para que respiren, en lugar de que sean sofocadas por los símbolos proyectados sobre ellas. Cada vez que pensamos en la pregunta de oro, ello nos ayuda a afrontar la vida sin que tengamos la necesidad de reducirla a una imagen o de meterla en un marco conceptual.

Cuando nos alineamos más con la Fuente, lo que pudo haber sido cierto antes no tiene que serlo ahora, ya que la realidad toma forma en un camino consistente en una expansión cada vez mayor.

Que tú y otra persona estéis destinados a crecer juntos o que tengáis que separaros sin poder evitarlo es algo que ya se ha escrito en todas las galaxias. Que nos encontremos con una versión u otra de la realidad, o con una línea temporal u otra, depende únicamente de la medida en que se haya disuelto el ego y de lo profundamente que pueda expandirse nuestra alma. Esta es precisamente la razón por la que otras personas son aliados espirituales a lo largo del viaje del alma. Ya sea que aparezcan representados en la mente como amigos, enemigos, víctimas o agresores, han sido traídos a nuestra realidad para inspirar cambios profundos.

Para obtener la mayor cantidad de beneficios de cada encuentro sin negar la importancia de nuestros sentimientos más profundos, debemos atrevernos a mirar prescindiendo de nuestras creencias más limitantes.

**Para explorar la realidad sin verte condicionado por la visión distorsionada de las creencias limitantes, reflexiona sobre la sabiduría contenida en las preguntas siguientes:**

Los actos de otras personas, ¿qué falsas creencias sobre mí me han llevado a albergar?

¿Qué ha sido lo más hiriente que alguien haya dicho o hecho que ocasionase que me sintiese indigno, rechazado o inseguro?

¿A qué conclusión o conclusiones he llegado a partir de lo que he vivido en el pasado?

¿Qué persona, lugar o cosa desencadena la respuesta más limitante en mí?

¿Por qué los actos de otras personas tienen el poder de determinar mis experiencias?

¿Cómo sería mi vida si no me rigiese por la noción de lo correcto frente a lo incorrecto?

¿Temo que sin la falsa protección de las creencias limitantes seré un objetivo mayor para el dolor, el rechazo y la desgracia?

¿Qué indicios o ideas utilizo para justificar la ocultación, el cierre, la retirada o el alejamiento?

Al reflexionar sobre estas cuestiones, es natural sentir que la fuerza del apego empieza a desvanecerse. Cuando eso sucede, el paisaje interior de nuestro campo energético cede espacio para que emerjan las cualidades naturales (*RAW*) del alma.

## CUARTA ETAPA: LA BENDICIÓN DE LA DESOLACIÓN

Para alinearnos por completo con la sabiduría y las bendiciones de la Fuente, es importante que confiemos en su guía incondicionalmente. Ya sea que sigamos una corazonada o que estemos dispuestos a abrirnos al cambio, cuanto más confiemos en la luz de nuestra propia divinidad, más fácil le será expandirse a nuestra alma. Incluso cuando las circunstancias de la realidad parecen estar implosionando con una precisión magnífica, la confianza ofrece oportunidades de explorar la rendición más profunda a través de grandes actos de fe.

En lugar de confiar en la Fuente, por lo esquiva, invisible o intangible que puede parecernos, a menudo nos alineamos con las creencias, ideas y elecciones más limitantes, que mantienen el tormento del dolor emocional. Cuando el destino de nuestra expansión necesita abrir un espacio y una perspectiva más amplios, no «repara en gastos» a la hora de eliminar las distintas improntas obstaculizadoras que tan a menudo percibimos como nosotros mismos.

**Con el fin de permitir que la gracia de nuestras dificultades más desoladoras nos ponga en comunión con la energía de la Fuente, en lugar de confirmar nuestras creencias más limitantes, la cuarta etapa de la rendición puede explorarse a través de la pregunta siguiente:**

¿Estoy dispuesto a experimentar la desolación para que se revele la verdad más profunda que hay en mí?

Aunque es natural desear algo nuevo, permitir que se destruya lo viejo para dejar espacio para ello no es tarea fácil. Es posible que no debamos experimentar la desolación a cada momento, pero para expresar nuestra confianza absoluta en nuestra verdad más profunda debemos estar dispuestos a que nos golpeen sin previo aviso y a que nos desarraiguen, decepcionen y, en algunos casos, incluso traicionen.

Que experimentemos la desolación puede requerir que debamos afrontar cambios inesperados o actos desagradables por parte de los demás sin que, aparentemente, experimenten ningún tipo de remordimiento. Ya sea que la desolación se presente como respuesta a la pérdida de un empleo, a un divorcio, al diagnóstico de una enfermedad o incluso a la pérdida de un ser querido, el objetivo no es lastimarnos de ninguna manera sino darle la vuelta a la realidad del ego, para que abandonemos los puntos de referencia de este y adoptemos los del alma, según la visión que ella tiene de las cosas.

Cada vez que la bendición de la desolación entra en nuestra realidad, tenemos dos opciones: consolidar la falsedad de las creencias limitantes o caminar sobre el fuego del épico desastre para permitir que estas se disipen.

Tal vez no sepamos por qué o para qué están ocurriendo ciertas cosas, pero el ego debe soltar el control para que el alma pueda dirigir el camino. Cuanto más dispuestos estemos a alinearnos con la Fuente, a confiar en el regalo que es nuestro viaje, a acoger la desolación y a no necesitar las dificultades para crecer, más fácil será que todos los aspectos de la vida se transformen de dentro hacia fuera.

Desde este espacio, cultivamos relaciones sagradas de larga duración en las que dos personas pueden unirse y armonizarse sin que las reacciones emocionales constantes, las creencias limitantes o los patrones de condicionamiento separen los dos corazones.

## QUINTA ETAPA: ACEPTAR LA ADVERSIDAD

Cuando descubrimos la libertad de encontrarnos los unos a los otros como expresiones de nuestra propia divinidad, hallamos la seguridad, la comodidad y la valentía que nos permiten permanecer abiertos, incluso cuando el dolor o el pánico nos piden que huyamos, nos encerremos, nos retiremos o desconectemos.

Puesto que todo está aquí para ayudarnos, la firme confianza en nuestra verdad más profunda siempre nos lleva a casa, por más que la vida nos parezca cruel, insoportable e insufrible, y por más tiempo que llevemos perdidos. Para el ego, el drama de la adversidad confirma que, dado que las cosas no parecen estar bien, solo pueden continuar no estando bien. Únicamente el ego rechaza el dolor y la desesperación asociados a las pérdidas inevitables.

Sin embargo, desde la perspectiva del alma, no es necesario que nada sepa o sea de una manera distinta a como es. Esto se debe a que el alma es la confianza inherente a la unidad de la energía de la Fuente, una confianza que se va convirtiendo en una experiencia instintiva a medida que vamos profundizando en el viaje de la rendición.

Mientras que la verdad de la energía de la Fuente está siempre presente y es eterna, toda forma tangible, incluido el ego, solo puede estar en una dimensión en la que exista el tiempo. Y todo lo que existe en el tiempo está abocado al cambio. Ningún dolor o pérdida pueden durar para siempre, pero hagamos lo que hagamos para soltarlos, se mostrarán implacables en su contribución a la disolución del ego.

Para aclarar otra creencia obsoleta del viejo paradigma espiritual, nosotros no somos quienes soltamos las cosas, sino quienes *somos soltados*.

Cuando el ego se ha disuelto por los inevitables vientos del cambio, un espacio renovado acoge en nuestra realidad experiencias nuevas y una perspectiva más amplia.

---

**Para situarnos en la vanguardia del viaje del alma, es esencial dar el salto a la quinta etapa de la más profunda y sincera rendición. Se puede llegar ahí reflexionando sobre la cuestión siguiente:**

¿Cómo puedo ver la adversidad de una manera más amorosa, favorable y sabia?

---

Solo con que nos planteemos cómo podemos ver la adversidad de otra manera, de acuerdo con la pregunta formulada en el recuadro, nos alineamos con el alma, al satisfacer las necesidades de nuestra experiencia. Una vez que hemos reconocido las creencias limitantes que nos han mantenido estancados, podemos usar el poder de nuestra conciencia, que está sujeta a un proceso de expansión constante, para plantearnos puntos de vista que apoyen nuestra naturaleza inocente en lugar de socavarla.

**Para aceptar la adversidad como puerta de entrada a la quinta etapa de la rendición, reflexiona sobre la sabiduría contenida en las preguntas siguientes:**

¿Cómo es la vida cuando no se cree en el castigo y se ve que todo son recompensas?

¿Realmente me está castigando la vida, o todo lo que ocurre es que no me está dando lo que quiero?

¿Y si el hecho de no obtener, temporalmente, lo que quiero es una bendición oculta?

¿Y si mis dificultades estuviesen transformando mis relaciones y mi realidad, en el sentido de aportar a mi vida niveles más altos de intimidad y satisfacción?

¿Qué cualidades se perfeccionan como resultado de la adversidad?

¿Es posible que el sentido de sobrevivir a todas las adversidades es que acabe por verme en toda mi magnificencia, en todo mi poder y en toda mi gloria?

Cuando ponemos fin al drama del abandono personal y permitimos que se disuelva la fuerza del apego, nos atrevemos a recibir cada momento fuera del marco de las creencias limitantes, por más grande que sea la desolación o la adversidad que debamos afrontar. Desde este espacio, permitimos que el viejo paradigma de la realidad se queme, para que el fénix interior de nuestro verdadero potencial angélico pueda surgir triunfalmente de sus cenizas.

**Para ayudarte a incorporar las ideas de las cinco etapas de la rendición, reflexiona sobre la sabiduría contenida en la declaración siguiente, o léela en voz alta:**

Acepto que mi transición del ego al alma se produce a través de mi más sincera rendición. En lugar de culpar a cada circunstancia e individuo por las expansiones que inspiran, depongo toda arma defensiva, para poder aceptar plenamente que todo está aquí para ayudarme.

Hago esto viendo cada momento de una manera que me beneficia y no que me lastima; encontrando el coraje que me permite admitir lo que temo admitir, perder o ganar, y considerando que lo peor que me ha sucedido ha constituido la mejor oportunidad para evolucionar y aceptar mi verdad más profunda. Observo cada momento de cambio de la manera más amorosa, favorable y sabia, aunque deba experimentar la desolación.

Desde este espacio de sincera rendición, puedo ver las cosas como expresiones únicas de la energía de la Fuente y experimentar las vicisitudes de la vida sin que mi autoestima se resienta. A lo largo de este proceso, estoy elevando mi vibración, y también la conciencia de la humanidad, para el bienestar de todos. Así soy liberado.

Tanto si estamos sintiendo más alivio, paz interior y armonía que nunca como si seguimos embarcados en el proceso de integración correspondiente a cada etapa, nos conviene rendirnos a la vida y a su forma de proceder para acabar por manifestar la belleza, el poder y la perfección de nuestro máximo potencial. Tal vez te parezca que hay una luz más brillante al final del túnel, o tal vez estés envuelto por una oscuridad demasiado densa. En cualquier caso, siempre hay una razón profunda por la que suceden las cosas, y tiene que ver con favorecer el cumplimiento de tu misión en esta vida.

# CAPÍTULO 8

# EL
# CUMPLIMIENTO DE
# TU MISIÓN

Cuando nos abrimos paso a través de las cinco etapas de la rendición, podemos experimentar las profundidades milagrosas de nuestro viaje desde la perspectiva del alma. A medida que vamos aceptando un panorama cósmico más grande, vamos descubriendo el lugar que ocupamos desde siempre en el cosmos: somos una expresión viva de la energía de la Fuente que encarnamos para cumplir una misión importante. Esta misión implica completar nuestro viaje de sanación como nuestra contribución personal a la transformación de la conciencia colectiva de la humanidad. Aunque pueda parecer que cada uno de nosotros no somos más que una persona embarcada en un viaje personal y único, los asuntos que afrontamos y los conflictos que finalmente resolvemos se convierten en los regalos de la nueva libertad que el mundo recibe en nuestra presencia. En esencia, lo que estamos sanando en *nosotros* mismos, estamos ayudando a transformarlo en *todos*. Del mismo modo, las capas de residuos emocionales que ya hemos sanado corresponden exactamente a lo que los demás pueden transformar cuando están cerca de nosotros.

Quizá más arraigados en el amor que nunca antes, podemos participar aún más en el despertar de la humanidad al invitar a la gracia milagrosa de la energía de la Fuente a que contribuya aún más a nuestra sanación. Si bien muchos anhelan saltarse las fases iniciales de la expansión y pasar directamente a la limpieza del dolor físico o la incomodidad emocional, el viaje de sanación no siempre está diseñado para funcionar en esta secuencia, por más que queramos. Una vez que somos capaces de armonizarnos con el universo según sus términos y condiciones precisos, cultivamos el grado de madurez y la disposición que invitan a que esa limpieza se produzca.

Como se indicó en capítulos anteriores, los síntomas que muchos esperan que resuelva el viaje espiritual son a menudo las señales que indican que la sanación está en marcha. Esto significa que cada momento de dolor o capa de incomodidad es un signo de un cambio energético y emocional en curso. Cuando confiamos en que el universo nos está encaminando constantemente al destino que es realizar nuestra máxima perfección divina, podemos armonizarnos con nuestro viaje de sanación, en lugar de seguir trabajando tan duro para microgestionar nuestras experiencias.

Toda experiencia está diseñada para ayudarnos a expandirnos en el lapso de tiempo más eficiente. Si la expansión se produjera con mayor lentitud, nos llevaría mucho más tiempo pasar por las difíciles etapas de la evolución, y deberíamos sufrir durante períodos más largos.

## LOS CUATRO SIGNOS DE LA TRANSFORMACIÓN

Puesto que la energía de la Fuente es omnisciente y lo ama todo, anhela guiarnos a través de las distintas etapas de crecimiento y expansión de la manera más efectiva. Cuando la transformación se produce con rapidez, el cambio puede percibirse como uno de cuatro signos palpables. Cada uno actúa como una confirmación de que nuestra sanación está en marcha, ya que la gracia de la realidad nos hace pasar por cada etapa de la manera más eficiente, siempre según lo que permitimos.

Los cuatro signos de la transformación son la frustración, la confusión, el aburrimiento y la soledad. Cada uno de ellos ayuda al alma a darse cuenta de lo potente que es el viaje que se está desarrollando desde dentro hacia fuera, y cada uno representa las experiencias que el ego intenta negar o bien trascender por medio del viaje espiritual. La verdadera trascendencia consiste en contemplar la evolución hasta el final, mientras hacemos las paces con la frustración, la confusión, el aburrimiento y la soledad, que no hacen más que confirmar la rapidez con la que nos estamos expandiendo.

**Para aceptar cada uno de los cuatro signos de la transformación, reflexiona sobre la sabiduría contenida en las preguntas siguientes:**

¿Y si la frustración, la confusión, el aburrimiento y la soledad no son obstáculos de ninguna de las maneras?

¿Y si estas sensaciones solo las considera enemigas el ego que se está deshaciendo?

¿Y si cada una de estas sensaciones es abrumadora o debilitante en la misma medida en que lo es mi deseo de alejarme de la incomodidad?

¿Cómo cambian la frustración, la confusión, el aburrimiento y la soledad si los acojo como aliados en mi evolución?

¿Y si, además de actuar como signos de la transformación, resulta que la frustración, la confusión, el aburrimiento y la soledad que estoy experimentando no son míos, sino patrones de la humanidad que estoy sanando para todos?

## MÁS ALLÁ DE LA APROPIACIÓN PERSONAL

Mientras que el ego suele ver la sanación como un castigo personal por resolver o una dificultad que soportar, el alma ve la expansión del individuo como una contribución a la transformación del colectivo. Si cada experiencia que sanamos en nosotros mismos es una capa de residuos emocionales que se transmuta en todo el mundo, tal vez el condicionamiento sanado nunca fue realmente nuestro.

Desde el punto de vista del ego, cada faceta de la experiencia se enmarca dentro de una identidad; pertenece a alguien. Mientras nos apropiemos de las experiencias e identifiquemos las nuestras frente a las de los demás, permaneceremos separados de la Fuente, incapaces de sanar las heridas que inspiran a nuestra luz a brillar. La verdad es que tenemos experiencias personales con el propósito de sacar a la luz nuestra expansión interminable y de transformar el mundo que vemos. Como se indicó en capítulos anteriores, solo parece haber un mundo que necesita sanación; en realidad solo hay un plan de estudios interactivo para ángeles que se están formando como tales.

Cuanto más se expande el alma, más angelicales nos volvemos, a medida que avanzamos en cada etapa de aprendizaje a lo largo de nuestra aventura humana.

Cuanto más tiempo pasamos arraigados en la sabiduría del alma, más nos parece que nuestro reino terrenal es una universidad para ángeles que se encuentra en el cielo. Pero cuando nos estamos incubando en el ego, la Tierra tiende a parecernos un ámbito en el que se desarrolla una existencia de nivel inferior, y clamamos al cielo esperando ser rescatados por un poder superior esquivo.

A medida que vamos pasando del ego al alma, nos vamos graduando en niveles más altos de formación angélica al transformar la difícil situación del planeta a través del poder de la conciencia centrada en el corazón. Hacemos esto cuando renunciamos a nuestro apego a adueñarnos de las experiencias y nos identificamos con ellas;

así podemos sanar las mismas cuestiones que inspiran al mundo a despertar.

Si bien no se puede negar la realidad de nuestras experiencias personales, existen como oportunidades de liberar espacio en nuestro campo energético y posibilitar así el surgimiento de una realidad espiritual mayor.

## UNA NUEVA FORMA DE VER EL KARMA

¿Y si los momentos de adversidad no son nuestro karma personal, sino el aspecto del colectivo que estamos transformando para el bienestar de todos?

¿Y si la noción de karma personal no es más que la tendencia inconsciente a identificarnos con las capas de residuos emocionales que nuestro campo energético transmuta en todo lo que encontramos?

¿Y si nuestros síntomas, enfermedades y patrones de condicionamiento son las capas que estamos sanando en beneficio de las generaciones futuras?

¿Y si la conciencia de que nada de lo que sentimos tiene que ver con nosotros es la forma en que limpiamos el karma de la humanidad, que se mantiene en nuestro campo energético hasta que nos damos cuenta de esto?

En el momento en que nos abrimos a la posibilidad de que las experiencias adversas no son nuestras sino una contribución a la evolución de la humanidad, comenzamos a aligerar la carga de nuestro campo energético. Desde este espacio de claridad, podemos soltar lo que nunca fue probatorio de lo que somos o no somos, y así podemos acoger el gozo de la liberación mucho antes de que el colectivo la refleje.

El colectivo cambia como resultado de un punto de inflexión en la conciencia. A medida que nuestra vida de sanación es reconocida como una contribución para inclinar la balanza colectiva hacia vibraciones más altas, podemos continuar elevando a quienes tenemos alrededor sin ser agobiados por su densidad emocional.

Cuando lo que sentimos no nos corresponde controlarlo a nosotros, sino que es una oportunidad continua de eliminar la densidad global, nos convertimos en los primeros habitantes de nuestra realidad recién mejorada. A medida que el proceso tiene lugar, hacemos brillar nuestra luz libremente y sin esfuerzo en todas direcciones para ayudar a otros corazones inocentes a encontrar el camino a casa.

Cuanto más nos damos cuenta de que nuestro campo energético es un catalizador de sanación y activación, más nos alineamos con la Fuente para integrar el brillo de nuestra alma en una forma física. Cuando se identifica con «mi dolor» o «mi viaje de sanación», el ego permanece estancado e insoportable, y así seguirá mientras continúe estando apegado a las experiencias a través de sus creencias en la apropiación personal. Sin embargo, cuando «mi dolor» se convierte en el «dolor de la humanidad» y «mi viaje de sanación» se convierte en el «viaje de sanación de la humanidad», tiene lugar un profundo cambio de conciencia. Desde este espacio, empezamos a sentir la luz del cielo en todas las cosas, tomando forma como las experiencias justamente necesarias para que avancemos hasta el siguiente nivel de la formación angélica.

## REENCARNACIÓN EMPÁTICA

Un *émpata* es un ser energéticamente sensible que está alineado con su alma en la medida en que es capaz de sentir las emociones de los demás, unas emociones que limpia en su propio campo energético. Una víctima es un *émpata* en proceso de aprendizaje, que también limpia y activa el campo energético de los demás, pero sin ser consciente de la contribución que está haciendo al colectivo.

El mundo está formado por dos grupos de *émpatas*. Hay quienes saben que tienen tendencias hiperempáticas, pero no tienen ninguna pista sobre cómo desarrollar sus dones innatos hasta convertirlos en capacidades intuitivas plenamente funcionales. Y están los *émpatas* que no tienen ni idea de que lo son, y tienden a ver su viaje a través de los ojos de la culpa y el juicio.

Cuando no somos conscientes de nuestras capacidades hiperempáticas y nuestra sensibilidad energética, nuestro campo energético tiende a incorporar el condicionamiento que es expulsado del campo energético de otras personas; añadimos este condicionamiento como capas adicionales a la estructura de nuestra identidad. Cuanto más advertimos nuestros dones hiperempáticos, más en armonía estamos con nuestras emociones a medida que surgen y más fácil nos resulta limpiar cada capa de residuos emocionales.

Cuanto más nos alineamos con el alma, más sencillo es para nosotros elevar a los demás sin incorporar su condicionamiento o manifestar comportamientos de manera inconsciente.

Cuanto más permanecemos estancados en el ego, más probabilidades tenemos de estar abrumados por el mundo, que solo puede ser arreglado por nuestra evolución.

Esto no significa que el mundo sufra porque todavía tenemos mucho que sanar. Significa que cuanto más guiada está nuestra sanación por la sabiduría del alma, más despierta el mundo.

Cuando resolvemos este malentendido en lo que respecta a la empatía, nuestras experiencias arrojan una nueva luz sobre la idea de la reencarnación. En el viejo paradigma, la creencia respecto a la reencarnación es que, como almas, hemos vivido muchas vidas antes de nuestra encarnación actual. Si bien es cierto que un alma vive muchas vidas, tiende a delegar mucho en el ego; deja que este se ocupe de analizar, organizar y mantener en orden los asuntos de la existencia. En última instancia, el ego nos proporciona argumentos para que nos juzguemos a nosotros mismos y juzguemos a los demás por los actos cometidos en otras vidas, como una forma de justificar sus creencias más limitantes y sus patrones de conducta inconscientes.

El alma no niega la realidad de la reencarnación, pero la ve desde un punto de vista más amplio. Desde esta perspectiva, aquello que experimentamos como nuestras propias vidas pasadas consiste en un nuevo examen, en conciencia, de los temas que vinimos a resolver para el mundo. Si el ego adopta una identidad espiritual, es habitual que se adueñe de los recuerdos que la persona lleva en su campo como una relación de dolores y deslices pasados. Para mantener su estado inconsciente, si el ego no es alimentado por su identidad personal actual, es habitual que explore otras vidas con el fin de adueñarse de más experiencias.

Puesto que todos somos Uno (*ALL ONE*), tendemos a sentir que los recuerdos que estamos limpiando para innumerables linajes y generaciones corresponden a vivencias que tuvimos nosotros. Nuestros recuerdos pueden incluir visiones de experiencias de otras épocas; nos sentimos como si estuviéramos allí. Esto no quiere decir que no estuviéramos ahí, ya que en el momento en que surgen estos recuerdos, lo experimentamos como si estuviéramos en ese lugar en ese momento.

La transformación que se produce en tiempo real, a través del recuerdo del pasado, es nuestra capacidad de rememorar los recuerdos viscerales que tenemos en nuestro campo energético. A medida que cada recuerdo va emergiendo en la conciencia sin quedar atrapado en la atracción gravitatoria de la identidad, se borra de nuestro campo, para el bienestar de la humanidad.

La pregunta sigue siendo: ¿estamos borrando recuerdos porque estamos sanando lo que realmente nos sucedió en vidas pasadas, o solo nos parece que esos recuerdos pertenecen a encarnaciones nuestras anteriores aunque, en realidad, estamos borrando los recuerdos de generaciones pasadas para la evolución del colectivo? Si bien puede debatirse mucho al respecto, obtenemos la respuesta cuando examinamos qué punto de vista sostiene la estructura del ego y cuál corresponde a la conciencia del alma centrada en el corazón.

No es incorrecto conocer vidas pasadas e incluso extraer la sabiduría asociada a los arquetipos y las historias que contiene cada recuerdo. Sin embargo, es muy fácil que el ego se apropie de estas visiones para reforzar y expandir la estructura de su identidad. En cuanto al alma, puesto que participa voluntariamente en la evolución de la humanidad, puede aceptar lo significativa que fue cada vida pasada e incluso aceptar la idea de que cada recuerdo constituye una exploración directa de los misterios del pasado. Del mismo modo, al ir borrando cada recuerdo, podemos avanzar sin necesidad de cargar con ningún equipaje. Desde la perspectiva del alma, los apegos a vidas pasadas demuestran que la sanación sigue estando incompleta. Por supuesto, la sanación se produce a través de la integración del ego. Por lo tanto, el hecho de tratar de sanar nuestras vidas pasadas personales hace que el objeto del recuerdo siga estando ahí para que el ego continúe apropiándose de él.

Cuando abordamos la sanación de esta manera contraproducente, estamos reforzando la estructura del ego que debe ser disuelta. Debido a que nuestro punto de vista determina si dedicamos más tiempo a construir el ego o a alinearnos con el alma, tenemos el poder de contribuir a la erradicación intemporal de nuestras experiencias más limitantes.

**Para que la exploración de las vidas pasadas te sea de ayuda en la disolución del ego y te alinee con la perfección del alma, reflexiona sobre la sabiduría contenida en las preguntas siguientes:**

¿Y si puedo aprender del pasado sin creer que eso me sucedió a mí personalmente?

¿Y si solo me parece que me sucedió eso, para poder tener una experiencia personal de los patrones que estoy resolviendo para todos?

En lugar de centrarse en la historia de cada vida, ¿cuáles son los temas que el personaje está aprendiendo con cada visión?

¿Qué nuevas elecciones inspiradas puedo empezar a efectuar en mi realidad actual que esos personajes no pudieron realizar en el pasado?

¿Cómo puedo resolver el pasado al aprender a elegir desde una perspectiva más valiente y consciente, en lugar de usar cada recuerdo para abrir una causa en contra de mí mismo, de otras personas o incluso de la Fuente?

Al evolucionar desde la perspectiva del alma, podemos aprovechar al máximo nuestra vida actual mientras disfrutamos de los regalos experienciales que se nos presentan. Tanto si estas experiencias son recuerdos de civilizaciones distantes como si son mensajes que nos envía un vecino galáctico que se encuentra a años luz de distancia, cada una de ellas nos ofrece una visión más profunda del arte inmaculado y la capacidad infinita de nuestra conciencia, que toma forma como innumerables mundos pendientes de explorar.

Ver una imagen cósmica más grande es ser conscientes de la pureza de nuestra contribución, aunque podamos necesitar toda una vida para advertirla, reconocerla y aceptarla. Si somos incapaces de ver más allá de nuestras dificultades personales, pasamos por alto la perfección de nuestra existencia, la cual confirma que todas las oraciones están destinadas a ser respondidas por la luz angélica de las almas encarnadas. No se puede negar que, como almas, vivimos una multiplicidad de experiencias en muchas dimensiones. Tanto si vemos cómo todas tienen lugar en universos paralelos simultáneos como si sentimos que se desarrollan en un orden lineal, es esencial que nos alineemos con los hallazgos que nos permiten ir avanzando hacia la perfección del alma. No nos conviene hacer esto para condenar o castigar al ego, sino para arrebatarle las creencias y los puntos de vista que utiliza para mantener las profecías autocumplidas del sufrimiento perpetuo. Dado que encarnamos para devolver el ego a la Fuente, debemos recibir con la mayor suavidad y compasión cada momento de comprensión y cambio de perspectiva. Esto permite que el ego, que percibe su propia desaparición, comience a ver que en realidad está siendo rescatado por una apertura que nunca excluye.

## NACIDOS DE LA PERFECCIÓN

Si nacimos de la fuente de la perfección, eso significa que nacimos *siendo* la perfección de la Fuente. Al ir aceptando nuestras cualidades humanas como expresiones de la divinidad, dejamos de percibir que estamos lidiando con residuos de vidas pasadas y pasamos a ver que estamos sanando recuerdos de generaciones pasadas de todo el mundo. Al no ser necesariamente nuestra cada capa que estamos limpiando, damos permiso para sanar todo lo que vinimos a sanar en esta vida. Pero si pensamos que cada recuerdo nos pertenece, tal vez porque el ego insiste mucho en ello, seguiremos disponiendo de tiempo para confirmar esta creencia.

**Para recordar la perfección inherente a tu verdadera naturaleza, reflexiona acerca de la sabiduría contenida en las preguntas siguientes:**

¿Cuál fue la primera vez que sentí que era menos que la perfección divina?

¿Alguien me juzgó, criticó o rechazó y esto me hizo creer que yo era algo distinto de la belleza, el poder y la perfección del universo?

¿Hubo un momento en que apagué mi luz, con la esperanza de que ser más como los demás me permitiría ser más apreciado por ellos?

¿Puedo aceptar que todo lo negativo que siento hacia los demás es una capa de escombros que mi campo energético está limpiando?

¿Cómo cambiaría mi vida si no interpretara que los sentimientos negativos son míos o tienen algo que ver conmigo, sino que son mi contribución al despertar de la humanidad?

Si podemos aceptar mentalmente la idea de que somos la perfección de la energía de la Fuente pero no podemos sentirla en nuestro interior, la razón de ello suele ser que estamos utilizando las emociones que eliminamos de los demás para mantener la identidad de un personaje que siente que le falta algo.

Imagina una perfección que es tan omnipresente, completa y omniabarcante que, en su unidad con todo lo que es, no hay separación, distancia ni conflictos entre nada.

Para ver un arcoíris como la suma de todos los colores, debemos dejar de lado la idea de que los tonos existen por separado para ver el espectro completo de la belleza que tenemos delante de los ojos. De la misma manera, es esencial que dejemos de lado la idea de la separación, lo cual incluye las características distintivas de los diversos pensamientos y sentimientos, con el fin de sentir la perfección que imbuye todos ellos. Cuando la perfección no es un sentimiento que perseguir sino una visión integral del panorama cósmico de la vida, esta última puede volverse más fácil y placentera con cada respiración.

Ya que solo intentaríamos resolver de manera agresiva los temas que creemos que son nuestros, la pregunta es: ¿cuántos bloqueos o enemigos emocionales internos quedan cuando recordamos nuestro papel como liberadores eternos de la vida, en lugar de vernos como individuos que aguardan a ser rescatados? Esta pregunta únicamente fomenta nuestra alineación con la energía de la Fuente de la manera más directa y centrada en el corazón.

## LA ESCALERA DE CARACOL DE LA COMPRENSIÓN

Tanto si creemos que nuestro viaje espiritual implica resolver capas kármicas de vidas pasadas como si creemos que implica eliminar residuos para ayudar a elevar al colectivo, es habitual percibir la aparición de unos patrones recurrentes a medida que la sanación se va volviendo más profunda.

Estos patrones pueden inducir roles similares en las relaciones que reflejen el condicionamiento de nuestra familia, o motivar la práctica de hábitos autodestructivos, cuando no estamos completamente alineados con la energía de la Fuente.

Sean cuales sean los patrones en concreto, cuando contemplamos nuestro viaje desde el punto de vista del ego, es bastante natural que queramos acelerar el proceso de sanación con la esperanza de superar el dolor y la desgracia. Cuando ocurre esto, nos estamos acercando a las profundidades de la madurez espiritual de una manera poco sincera, pues estamos más enfocados en lo que podemos obtener del universo que en vivir en verdadera armonía con el flujo de la vida.

Deberíamos saborear cada momento como una oportunidad de ver nuestra realidad bajo una nueva luz, tanto si conseguimos lo que queremos como si no. Cuando podemos aceptar la curva de aprendizaje de nuestra naturaleza en constante expansión como un regalo en lugar de percibirla como una maldición, empezamos a ver lo abundante que es el universo en realidad.

La Fuente ya sabe exactamente quiénes estamos destinados a ser; es para dar cumplimiento a este destino por lo que vinimos aquí a vivir una aventura tan milagrosa. La Fuente también sabe que nuestra evolución se debe a las elecciones inspiradas y valientes que efectuamos, como resultado de nuestros descubrimientos. Esta es la razón por la que parece que repetimos patrones y relaciones, por más que intentemos cambiar el panorama de nuestra realidad. La energía de la Fuente nunca desearía que nadie se perdiese ni un solo bocado de sabiduría u olvidase el papel fundamental que desempeñó cada momento en el éxito de su redención.

Esto explica por qué se repiten las circunstancias. Es para nuestro beneficio; nunca como una forma de castigo. Ello permite que la trayectoria de nuestra evolución sea como una escalera de caracol de percepciones. Al igual que cuando subimos por una escalera de caracol, podemos seguir viendo la misma realidad a cada giro, pero en cada ocasión la estamos viendo desde una perspectiva más elevada.

Esto significa que aunque haya patrones que se repitan a lo largo de nuestra vida, siempre los estaremos experimentando desde un nivel de conciencia más expandido que el que teníamos anteriormente. Si nos enfocamos en las experiencias como formas supersticiosas de castigo, estamos negando inocentemente la conciencia intrínseca a cada momento que puede ver lo que aún no se había visto e inducirnos a responder como nunca habíamos respondido.

Puesto que el cambio de conciencia fundamental que debemos llevar a cabo consiste en transformar nuestra relación con la realidad, los patrones y los temas deben verse desde todos los ángulos y explorarse en una multitud de niveles. Aunque parezca que repitamos los mismos patrones en la vida, en realidad vamos contemplando esas experiencias desde puntos de vista cada vez más elevados. En lugar de sostener la creencia de que estaremos más allá de cada lección una vez que entendamos bien las cosas, aceptemos pasar por el proceso tal como se está dando. Solo así tendremos la victoria asegurada.

---

**Para ayudarte a dejar de concebir el viaje del alma como un castigo espiritual y pasar a contemplarlo como un proceso evolutivo, reflexiona sobre la sabiduría contenida en las preguntas siguientes:**

¿Y si a cada momento me centro más en aprender, crecer y expandirme que en tratar de hacerlo todo bien?

¿Y si la repetición de patrones es la forma que tiene la vida de ayudarme, en lugar de que me esté castigando de alguna manera?

¿Y si todo lo que necesito, quiero y deseo está destinado a llegarme, exactamente en el momento en que se supone que debo recibirlo?

¿Y si esto fuera cierto, tanto si confío en que las cosas son así como si no?

¿Cómo cambiaría mi vida si cada momento fuera un regalo evolutivo que recibir, en lugar de un castigo kármico del que escapar?

¿Cómo puedo ver cada momento desde niveles más altos de conciencia, incluso si los temas, los patrones, los personajes y los resultados parecen repetirse?

La paradoja de la conciencia centrada en el corazón es que se necesita mucha madurez, integridad y autenticidad para recibir la madurez, la integridad y la autenticidad más elevadas. Esta es la razón por la cual la mayor contribución del ego a nuestra expansión es soltarse y volver a integrarse en la Fuente.

Aunque el ego intenta lo más desesperadamente posible que todo salga bien, afronta momentos recurrentes de fracaso, lo cual inspira los mayores éxitos espirituales, que siempre se producen en ausencia del ego. A medida que nuestra conciencia evolutiva va arraigando más en nuestro corazón, nos vamos dando cuenta de que nuestra misión no consiste en deshacernos del ego. En lugar de ello, estamos aprendiendo a amar al ego de una manera tan incondicional que ello le permita encontrar la seguridad y el coraje que necesita para soltarse y regresar a la luz.

---

**Para ayudarte a contemplar un panorama cósmico mayor, reflexiona sobre la sabiduría contenida en la declaración siguiente o léela en voz alta:**

Acepto que he encarnado para cumplir una misión que tiene que ver con un panorama cósmico mayor. Esto significa que no necesariamente vine con patrones kármicos motivados por errores previos, sino que elegí cargar con ciertas improntas, condicionamientos y memorias celulares para sanar linajes familiares y liberar a la humanidad a través de mi propia sanación. Puesto que nací de una fuente de perfección amorosa, no podría ser más que la perfección de una fuente amorosa. Sabedor de esto, acepto la frustración, el aburrimiento, la soledad y la confusión como signos de la rapidez con la que me estoy expandiendo, en lugar de concebirlos como enemigos a los que oponerme, juzgar o negar.

Si hay patrones experienciales que se repiten, acepto que esto ocurre para mi beneficio evolutivo, pues me permite ver las mismas cosas desde perspectivas concienciales más altas en cada ocasión. Esto me ayuda a pasar de ver la vida como un castigo espiritual a verla como un proceso evolutivo en el que todo está aquí para ayudarme a alcanzar mi pleno potencial. Así me realizo.

Ahora que la primera parte de nuestro viaje llega a su punto final, nos alineamos más con la energía de la Fuente invitando a los milagros infinitos del universo a que apoyen el gran éxito de nuestra transformación. A medida que cada uno de nosotros vamos avanzando hacia la luz de nuestro anhelado destino, nos vamos armonizando individual y colectivamente con la vibración de amor que invita al mundo a despertar.

## Segunda parte

# LIMPIEZAS,
# ACTIVACIONES E
# INTEGRACIONES

# CAPÍTULO 9

# LIMPIEZAS

Puesto que nuestra rendición más profunda y sincera nos ayuda a cultivar la alineación más madura y auténtica con la Fuente, invitamos a la voluntad del universo a mostrar su capacidad inmaculada al sanar nuestro cuerpo y transformar la realidad de maneras milagrosas. Como el mismo ego que a menudo quiere ser sanado tan desesperadamente es lo que se está disolviendo en realidad, tenemos la oportunidad de expandirnos a un ritmo acelerado una vez que hemos pasado a vivir en armonía con la gracia de nuestra verdad más elevada.

En el capítulo uno examinamos cómo evoluciona la conciencia a través de la ecuación *ARE*. Dado que la conciencia combinada con la resolución genera la expansión de nuestra alma, esta parte del libro explora la resolución en un nivel energético. Si bien las herramientas que aquí se ofrecen tienen el potencial de afectar positivamente a tus realidades física, emocional y energética, siempre es esencial que acudas a ellas desde la perspectiva de la sabiduría del alma. Esto significa que, aunque puedas desear un tipo de sanación muy concreto, debes entregarte a la voluntad de la Fuente, que, con su amor incondicional y su infinita sabiduría, siempre sabe qué grado de transformación es necesario exactamente.

Las respuestas, contundentes o sutiles, que obtengamos con cada limpieza o activación no son indicativas de más que de los regalos que vamos a recibir. El ego quiere lo que quiere, y no se detendrá ante nada a la hora de aplicar cada herramienta o modalidad con la agresividad que sienta y tantas veces como sea necesario para obtener el resultado apetecido. Mientras tanto, nuestra alma vive en armonía con la Fuente, agradecida por la oportunidad de experimentar cada herramienta de expansión, lo cual hará de esta manera: se limitará a seguir cada paso y permitirá que se despliegue la magia.

Como exploramos en el capítulo cinco, la sanación no tiene que ver solamente con lo que sucede en el momento en que se aplica un proceso. Es más relevante la cantidad de sanación que se puede asimilar a lo largo del proceso de integración. Si bien la meta siempre es sentirnos más ligeros, más felices y más liberados que nunca de forma instantánea, si una sanación requiere que descansemos un tiempo para poder recibirla, es posible que experimentemos momentos de agotamiento en contraste con momentos de euforia. Y cuando los sentimientos positivos obtenidos tras una sanación parecen desvanecerse, ello se debe al contraste que ofrece una nueva experiencia que se está integrando en nuestro campo energético para convertirse en parte de lo que somos; no es una experiencia a la que debamos seguirle la pista y que debamos gestionar.

Debido a que la integración desempeña un papel tan crucial en el proceso de sanación, el hecho de repetir cada limpieza y activación a diario no aumentará su potencia. En todo caso, proceder así tiene el potencial de reducir la eficacia del proceso, ya que la mayor posibilidad de éxito de la limpieza y la activación tiene lugar cuando la aplicación de la herramienta va acompañada de espacio para que se pueda asimilar completamente cada intervención. Usar cada herramienta de limpieza y activación una vez cada dos semanas puede mejorar y beneficiar nuestra evolución, pero repetir cada proceso con mayor frecuencia sugiere que el condicionamiento del ego está intentando forzar los tiempos.

He ofrecido cada una de las herramientas que incluyo en este libro en muchos de mis eventos de cinco días, pero nunca antes las he expuesto en soporte escrito o de audio. Son ejercicios de repetición que han sido canalizados desde la Fuente e incluyen, codificadas, frecuencias de sanación que afectan positivamente al campo energético y la mente subconsciente de quien los realiza. Cada uno de estos ejercicios se puede leer en silencio, aunque tiende a beneficiar más a la mente subconsciente leerlos en voz alta. Al hacerlo así, es habitual que la mente pierda la pista de las palabras. Esto se debe a que la mente consciente se está asentando en un estado de reposo lúcido, mientras que la mente subconsciente es reconfigurada por las energías codificadas en las palabras. Solo por el hecho de leer cada limpieza y activación recibimos energéticamente el beneficio que proporciona cada sanación, tanto si después no nos acordamos de nada como si recordamos lo que hemos dicho.

Para contribuir a la evolución de nuestra alma, de manera que podamos proseguir con nuestra formación angélica y descubrir el verdadero gozo de una existencia liberada, ofrezco estas herramientas como catalizadores de transformación para el viaje que tenemos por delante. Debido a que cada herramienta se creó a la luz de la conciencia centrada en el corazón, las únicas energías que podemos recibir de cada proceso son los beneficios evolutivos que nuestro yo superior, los ángeles y los guías espirituales nos permitan recibir.

Con la mente relajada y el corazón abierto, invitemos a que la magia y los milagros de la energía de la Fuente revelen nuestro mayor potencial en nuestro servicio amoroso en favor del destino que llevamos mucho tiempo anhelando y de todas las vidas que hemos venido a elevar.

# LA SANACIÓN EMPIEZA CON UNA INTENCIÓN

**Para iniciar el proceso sanador de la limpieza energética, lee la intención siguiente, en silencio o en voz alta:**

Mi intención es que las siguientes limpiezas sean canales para revelaciones milagrosas, que proporcionen siempre los resultados que sean perfectamente coherentes con mi verdad más elevada. Acepto que soy digno de esta sanación y permito que mi conciencia se expanda para crear un espacio sagrado en el que se aloje mi alma. Sabiendo que esto es así, permito que todos los desechos emocionales, condicionamientos del ego, patrones hereditarios, huellas de linajes genéticos y energías que no son mías y que no me pertenecen sean expulsados de mi campo energético, devueltos a la Fuente de donde surgieron y transmutados completamente, ahora y para siempre. A partir de este momento, acojo mi maestría como una expresión rendida de la conciencia centrada en el corazón y vivo mi redención más triunfante, que completa mi misión, transforma mi realidad y libera a todos gracias al poder inmaculado de la energía de la Fuente. Así es.

## ALIGERAR EL CAMPO ENERGÉTICO

El siguiente proceso se canalizó para eliminar el apego a la apropiación y disolver patrones egoicos en todo el campo energético humano. El uso de la palabra *amor* reconoce la verdad de la energía de la Fuente en su forma plenamente despierta y encarnada.

---

**Para aligerar tu campo energético
lee las afirmaciones siguientes,
en silencio o en voz alta:**

Reconozco que ningún pensamiento me pertenece, porque soy el amor que hay en ellos.

Ningún sentimiento ni reacción me pertenece, porque soy el amor que hay en ellos.

Ningún recuerdo me pertenece, porque soy el amor que hay en ellos.

Ningún condicionamiento ni programación me pertenece, porque soy el amor que hay en ellos.

Ningún linaje ni patrón hereditario me pertenece, porque soy el amor que hay en ellos.

Ninguna enfermedad, dolencia o desequilibrio me pertenece, porque soy el amor que hay en ellos.

Ninguna tragedia, pérdida o limitación me pertenece, porque soy el amor que hay en ellos.

Ningún tipo de oscuridad, crueldad o negatividad me pertenece, porque soy el amor que hay en ellos.

Ningún tipo de dolor, angustia, guerra o conflicto me pertenece, porque soy el amor que hay en ellos.

Ningún tipo de inseguridad, duda o pobreza me pertenece, porque soy el amor que hay en ellos.

Ningún tipo de separación me pertenece, porque soy el amor que hay en ella.

Ningún tipo de abandono me pertenece, porque soy el amor que hay en él.

Y dado que soy el amor que hay en todas las cosas, permito que todas las cosas que no contienen amor, las cuales solo pueden ser juicios imaginados sobre el amor, se eliminen de mi campo energético; que retornen a la Fuente de la que salieron, totalmente transmutadas; que se devuelvan a la pureza, la totalidad y la perfección de la luz eterna, y que renazcan en una conciencia despierta, centrada en el corazón, como el amor que soy. Así es.

## LA LIMPIEZA *SEMILLA ESTELAR*

Lo siguiente fue canalizado desde el universo en respuesta a mi intención de ofrecer una modalidad interactiva para ayudar a purificar, activar y despertar la luz de la energía de la Fuente en todos los aspectos del campo energético humano. Si bien muchos seres han despertado diversos aspectos de su campo energético, muchos otros necesitan sintetizar cada parte, de tal manera que la luz presente en la suma de todas ellas pueda integrarse en una expresión total de la conciencia centrada en el corazón.

El siguiente proceso sirve para limpiar y purificar todos los aspectos del cuerpo físico para promover el bienestar en los ámbitos emocional y energético.

---

**Lee, en silencio o en voz alta, las limpiezas siguientes, deteniéndote entre dos y tres minutos entre cada párrafo para permitir que las energías sanadoras se integren, con el fin de que los beneficios y la asimilación sean máximos:**

Acepto que todos mis órganos ya han sido limpiados y purificados, y que manifiestan la más alta posibilidad de luz eterna que YO SOY AHORA. Sabiendo que esto es así, acojo estas creaciones en mi realidad del momento presente, y las incorporo totalmente en la luz de la conciencia como el Santo Creador YO SOY. Así es. (Pausa de dos o tres minutos).

Acepto que todos mis sistemas corporales ya han sido limpiados y purificados, y que manifiestan la más alta posibilidad de luz eterna que YO SOY AHORA. Sabiendo que esto es así, acojo estas creaciones en mi realidad del momento presente, y las incorporo totalmente en la luz de la conciencia como el Santo Creador YO SOY. Así es.

---

(Pausa de dos o tres minutos).

Acepto que todas mis glándulas ya han sido limpiadas y purificadas, y que manifiestan la más alta posibilidad de luz eterna que YO SOY AHORA. Sabiendo que esto es así, acojo estas creaciones en mi realidad del momento presente, y las incorporo totalmente en la luz de la conciencia como el Santo Creador YO SOY. Así es.

(Pausa de dos o tres minutos).

Acepto que todas las partes de mi cerebro ya han sido limpiadas y purificadas, y que manifiestan la más alta posibilidad de luz eterna que YO SOY AHORA. Sabiendo que esto es así, acojo estas creaciones en mi realidad del momento presente, y las incorporo totalmente en la luz de la conciencia como el Santo Creador YO SOY. Así es.

(Pausa de dos o tres minutos).

Acepto que todas mis hormonas ya han sido limpiadas y purificadas, y que manifiestan la más alta posibilidad de luz eterna que YO SOY AHORA. Sabiendo que esto es así, acojo estas creaciones en mi realidad del momento presente, y las incorporo totalmente en la luz de la conciencia como el Santo Creador YO SOY. Así es.

(Pausa de dos o tres minutos).

Acepto que todos mis neurotransmisores y aspectos del metabolismo ya han sido limpiados y purificados, y que manifiestan la más alta posibilidad de luz eterna que YO SOY AHORA. Sabiendo que esto es así, acojo estas creaciones en mi realidad del momento presente,

y las incorporo totalmente en la luz de la conciencia como el Santo Creador YO SOY. Así es.
(Pausa de dos o tres minutos).

---

Tanto si experimentas un alivio inmediato como resultado de estas limpiezas como si necesitas tiempo para descansar y asimilar sus efectos, estás abriendo puertas en tu interior para la evolución de tu alma y el bienestar de todos. Teniendo el tiempo como aliado en lugar de tenerlo como enemigo, los beneficios de estas limpiezas, así como el trabajo de sanación realizado a lo largo de muchas vidas, empiezan a ser tangibles.

# CAPÍTULO 10

# ACTIVACIONES

El siguiente proceso se conoce como *activación semilla estelar*. Sirve para activar y despertar la conciencia centrada en el corazón en todos los ámbitos del cuerpo físico.

## LA ACTIVACIÓN SEMILLA ESTELAR

**Para recibir los beneficios favorables al despertar de la activación semilla estelar lee, en silencio o en voz alta, las activaciones siguientes, deteniéndote entre dos y tres minutos entre cada párrafo para permitir que las energías**

**sanadoras se integren, con el fin de que los beneficios y la asimilación sean máximos:**

Acepto que todos mis órganos ya han sido activados y despertados, y que manifiestan la más alta posibilidad de luz eterna que YO SOY AHORA. Sabiendo que esto es así, acojo estas creaciones en mi realidad del momento presente, y las incorporo totalmente en la luz de la conciencia como el Santo Creador YO SOY. Así es.

(Pausa de dos o tres minutos).

Acepto que todos mis sistemas corporales ya han sido activados y despertados, y que manifiestan la más alta posibilidad de luz eterna que YO SOY AHORA. Sabiendo que esto es así, acojo estas creaciones en mi realidad del momento presente, y las incorporo totalmente en la luz de la conciencia como el Santo Creador YO SOY. Así es.

(Pausa de dos o tres minutos).

Acepto que todas mis glándulas ya han sido activadas y despertadas, y que manifiestan la más alta posibilidad de luz eterna que YO SOY AHORA. Sabiendo que esto es así, acojo estas creaciones en mi realidad del momento presente, y las incorporo totalmente en la luz de la conciencia como el Santo Creador YO SOY. Así es.

(Pausa de dos o tres minutos).

Acepto que todas las partes de mi cerebro ya han sido activadas y despertadas, y que manifiestan la más alta posibilidad de luz eterna que YO SOY AHORA. Sabiendo que esto es así, acojo estas creaciones en mi realidad del momento presente, y las incorporo totalmente en la luz de la conciencia como el Santo Creador YO SOY. Así es.

(Pausa de dos o tres minutos).

Acepto que todas mis hormonas ya han sido activadas y despertadas, y que manifiestan la más alta posibilidad de luz eterna que YO SOY AHORA. Sabiendo que esto es así, acojo estas creaciones en mi realidad del momento presente, y las incorporo totalmente en la luz de la conciencia como el Santo Creador YO SOY. Así es.

(Pausa de dos o tres minutos).

Acepto que todos mis neurotransmisores y aspectos del metabolismo ya han sido activados y despertados, y que manifiestan la más alta posibilidad de luz eterna que YO SOY AHORA. Sabiendo que esto es así, acojo estas creaciones en mi realidad del momento presente, y las incorporo totalmente en la luz de la conciencia como el Santo Creador YO SOY. Así es.

(Pausa de dos o tres minutos).

## LA FINALIZACIÓN DE LA ACTIVACIÓN SEMILLA ESTELAR

**Lee, en silencio o en voz alta, la declaración siguiente, para permitir que los beneficios sanadores de la limpieza y activación semilla estelar sean asimilados al máximo:**

Permito que todas las limpiezas, sanaciones y expansiones de la activación semilla estelar sean limpiadas, purificadas, activadas y despertadas, y que manifiesten así la más alta posibilidad de luz eterna que YO SOY AHORA. Sabiendo que esto es así, acojo estas creaciones en mi realidad del momento presente, y las incorporo totalmente en la luz de la conciencia como el Santo Creador YO SOY. Así es.

## EL ARTE DE SER

Este proceso se canalizó para activar experiencias de la realidad que están más allá de lo que es posible comprender. Cuando dejamos de lado la necesidad de entenderlo todo, soltamos el apego al control para ser la verdad de la energía de la Fuente, en lugar de ser quienes intentan seguirle la pista a esta energía y gestionarla.

## Para activar el arte de ser, lee las afirmaciones siguientes, en silencio o en voz alta:

No puedo entender la inocencia. Solo puedo ser la inocencia que YO SOY.

YO SOY inocencia; inocencia YO SOY.

No puedo entender la paz. Solo puedo ser la paz que YO SOY.

YO SOY paz; paz YO SOY.

No puedo entender la alegría. Solo puedo ser la alegría que YO SOY.

YO SOY alegría; alegría YO SOY.

No puedo entender la libertad. Solo puedo ser la libertad que YO SOY.

YO SOY libertad; libertad YO SOY.

No puedo entender la trascendencia. Solo puedo ser la trascendencia que YO SOY.

YO SOY trascendencia; trascendencia YO SOY.

No puedo entender el aquí. Solo puedo ser el aquí que YO SOY.

YO SOY aquí; aquí YO SOY.

No puedo entender la luz. Solo puedo ser la luz que YO SOY.

YO SOY luz; luz YO SOY.

No puedo entender la verdad. Solo puedo ser la verdad que YO SOY.

YO SOY verdad; verdad YO SOY.

No puedo entender el camino. Solo puedo ser el camino que YO SOY.

YO SOY camino; camino YO SOY.

No puedo entender el hecho de ser. Solo puedo ser el
ser que YO SOY.

YO SOY el hecho de ser; el hecho de ser YO SOY.

No puedo entender el amor. Solo puedo ser el amor
que YO SOY.

YO SOY amor; amor YO SOY.

No puedo entenderlo todo. Solo puedo ser el todo
que YO SOY.

YO SOY todo; todo YO SOY.

No puedo entender el uno. Solo puedo ser el uno que
YO SOY.

YO SOY uno; uno YO SOY.

---

Cuando tiene lugar una sanación extraordinaria, debe producirse una integración. Esto nos recuerda que debemos confiar en el fluir natural del proceso sanador; no hay que forzar ni acelerar nada. Si te sientes más abierto, expansivo o incluso feliz, eso significa que tu proceso de integración ya está en marcha. Si te sientes vacío, en blanco o incluso adormecido, estás entrando en la fase de integración, la cual contiene un tipo de energía mucho más sutil de lo que nuestros cinco sentidos básicos están acostumbrados a percibir. Sea como sea que se refleje tu experiencia, ello solo puede ser indicativo de la forma única en que estás destinado a despertar, ya que todo está aquí para ayudarte a sanar y transformarte.

# CAPÍTULO 11

# LA
# INTEGRACIÓN DE LAS
# EXPERIENCIAS

Tan importante como cada limpieza y activación es la integración de las experiencias más transformadoras. Aunque podamos tener percepciones repentinas en el curso de la activación, la sanación y el despertar, se requiere tiempo para asimilarlas, de la misma manera que el cuerpo necesita un tiempo para digerir una comida deliciosa. Cuanto más asumamos lo importante que es la integración, más podremos encarnar las cualidades más elevadas de nuestra alma, sean cuales sean las experiencias de los demás o el estado del mundo.

## LA INTEGRACIÓN EN EL VACÍO

Este proceso fue canalizado para invitar a que un mayor espacio interior ayude a integrar las sanaciones, limpiezas y activaciones recibidas. La palabra *vacío* se canalizó para potenciar las cualidades carentes de forma del alma con el fin de ayudar a deshacer el ego y encarnar la luz de la conciencia centrada en el corazón.

---

**Para integrar las sanaciones, limpiezas y activaciones en el vacío, lee las afirmaciones siguientes, en silencio o en voz alta:**

El todo es vacío; el vacío es el todo.
El Uno es vacío; el vacío es el Uno.
Ninguno es vacío;[1] el vacío es ninguno.
El espacio es vacío; el vacío es espacio.
El sonido es vacío; el vacío es sonido.

El nombre es vacío; el vacío es nombre.
La forma es vacío; el vacío es forma.
El tiempo es vacío; el vacío es tiempo.
Nada es vacío;[2] el vacío es nada.
Todas las cosas son vacío; el vacío es todas las cosas.

Pensar es vacío; el vacío es pensar.
Sentir es vacío; el vacío es sentir.
Moverse es vacío; el vacío es moverse.
Estar quieto es vacío; el vacío es estar quieto.
Percibir es vacío; el vacío es percibir.

---

1. Es decir, la ausencia de cualquier individuo o cosa, o el concepto de que ningún individuo o ninguna cosa se ven afectados por algo, es vacío (N. del T.).
2. Es decir, la ausencia de todo individuo o cosa es vacío. El sentido no es «nada está vacío» (N. del T.).

Advertir[3] es vacío; el vacío es advertir.
Estar consciente es vacío; el vacío es estar consciente.

Respirar es vacío; el vacío es respirar.
Vivir es vacío; el vacío es vivir.
Aprender es vacío; el vacío es aprender.

Discernir es vacío; el vacío es discernir.
Crecer es vacío; el vacío es crecer.
Abrirse es vacío; el vacío es abrirse.
Despertar es vacío; el vacío es despertar.
Comprender es vacío; el vacío es comprender.

Liberar es vacío; el vacío es liberar.
Ser es vacío; el vacío es ser.
Saber es vacío; el vacío es saber.
Todas las cosas son vacío; el vacío es todas las cosas.
Nada es vacío;[4] el vacío es nada.

El tiempo es vacío; el vacío es tiempo.
La forma es vacío; el vacío es forma.
El nombre es vacío; el vacío es nombre.
El sonido es vacío; el vacío es sonido.
El espacio es vacío; el vacío es espacio.

---

3. En el sentido de darse cuenta de la presencia de algo (o alguien), en el exterior o en el interior (N. del T.).
4. Ver la nota anterior en cuanto al sentido de la frase. Diversas afirmaciones se repiten exactamente, seguramente con el fin de potenciar el efecto de integración (N. del T.).

> Ninguno es vacío;[5] el vacío es ninguno.
> El Uno es vacío; el vacío es el Uno.
> El todo es vacío; el vacío es el todo.

## SER TÚ MISMO - PRIMERA PARTE

Este proceso, que consta de dos partes, fue canalizado para impulsar el proceso de integración yendo más allá de la dinámica de los opuestos y pasando a residir en nuestro estado natural, el de la conciencia centrada en el corazón.

Aunque el ego tal vez tenga miedo de usar las palabras para renunciar a estados positivos, este proceso no puede hacer que no recibamos todo lo bueno que debemos recibir. Vamos a usar el poder de las palabras para descansar como el océano de la existencia, en lugar de que nos veamos sacudidos, alternativamente, por las olas del placer y el dolor.

A pesar de lo supersticioso que tiende a ser el ego, solo pueden manifestarse, en el máximo grado posible, la paz, la fluidez, la integración y la asimilación de la energía sanadora como resultado de este ejercicio de «repetir conmigo».

En esta primera parte, el uso de la segunda persona[6] fue canalizado para aflojar el apego a la percepción

---

5. Ver la nota 1 de la página 210.
6. Literalmente, en el original, «the words *you* and *yourself*» 'las palabras *tú* y *tú mismo*'. Por supuesto, en español tiende a no hacerse explícito el *tú* (N. del T.).

externa de los opuestos. Cuanto más asentados estemos en ser nosotros mismos, sin el límite que imponen los símbolos o las definiciones, más fácil nos será estar en el mundo y encontrarnos con los demás de la manera más apacible, empoderada y amorosa.

**Para integrar todas las limpiezas y activaciones siendo tú mismo en un nivel más indefinido, lee las declaraciones siguientes, en silencio o en voz alta:**

No tienes razón. No estás equivocado.
Solo estás siendo tú mismo.
No eres diferente. No eres semejante.
Solo estás siendo tú mismo.
No estás aquí. No estás allí.
Solo estás siendo tú mismo.
No estás dentro del tiempo. No estás fuera del espacio.
Solo estás siendo tú mismo.
No estás lúcido. No estás dormido.
Solo estás siendo tú mismo.

No eres obediente. No eres rebelde.
Solo estás siendo tú mismo.
No estás motivado. No estás deprimido.
Solo estás siendo tú mismo.

No estás seguro de algo. No dudas de algo.
Solo estás siendo tú mismo.
No eres una víctima. No eres un malvado.
Solo estás siendo tú mismo.
No eres pasivo. No estás enojado.
Solo estás siendo tú mismo.

No estás emocionado. No estás triste.
Solo estás siendo tú mismo.
No estás inseguro. No estás confundido.
Solo estás siendo tú mismo.
No eres codicioso. No eres pobre.
Solo estás siendo tú mismo.
No eres constante. No estás cambiando.
Solo estás siendo tú mismo.
No estás esperanzado. No estás herido.
Solo estás siendo tú mismo.

No estás en libertad condicional. No estás encarce-
lado.
Solo estás siendo tú mismo.
No estás incluido. No estás excluido.
Solo estás siendo tú mismo.
No estás saciado. No estás pasando hambre.
Solo estás siendo tú mismo.
No estás formado. No estás a medio formar.
Solo estás siendo tú mismo.

No eres conocido. No eres desconocido.
Solo estás siendo tú mismo.


No eres el centro de atención. No eres inalcanzable.
Solo estás siendo tú mismo.

No eres como algo. No eres diferente de algo.
Solo estás siendo tú mismo.

No eres causa. No eres efecto.
Solo estás siendo tú mismo.

No eres antes de nada. No estás más allá de nada.
Solo estás siendo tú mismo.

No eres yo. No eres tú.
Solo estás siendo tú mismo.


No estás viniendo. No estás yendo.
Solo estás siendo tú mismo.

No eres esto. No eres aquello.
Solo estás siendo tú mismo.

No eres relativo. No eres absoluto.
Solo estás siendo tú mismo.

No eres un hecho. No eres una falsedad.
Solo estás siendo tú mismo.

No eres «¿y si...?». No eres lo que no es.
Solo estás siendo tú mismo.


No eres negable. No eres comprensible.
Solo estás siendo tú mismo.

No estás perdido. No estás encontrado.
Solo estás siendo tú mismo.
No eres visible. No eres invisible.
Solo estás siendo tú mismo.
No eres imaginado. No eres irreal.
Solo estás siendo tú mismo.

## SER TÚ MISMO - SEGUNDA PARTE

En esta segunda parte, el uso de la primera persona[7] fue canalizado para liberarnos de los apegos a los símbolos y definiciones internos. Cuanto más indefinidos nos permitamos estar, más se podrán expandir nuestras experiencias.

**Para integrar todas las limpiezas y activaciones siendo tú mismo en un nivel más indefinido, lee las afirmaciones siguientes, en silencio o en voz alta:**

No tengo razón. No estoy equivocado.
Solo estoy siendo yo mismo.

7. Literalmente, en el original, «the words I and *myself*» 'las palabras *yo* y *yo mismo*'. Por supuesto, en español tiende a no hacerse explícito el *yo* (N. del T.).

No soy diferente. No soy semejante.
    Solo estoy siendo yo mismo.
No estoy aquí. No estoy allí.
    Solo estoy siendo yo mismo.
No estoy dentro del tiempo. No estoy fuera del espacio.
    Solo estoy siendo yo mismo.
No estoy lúcido. No estoy dormido.
    Solo estoy siendo yo mismo.

No soy obediente. No soy rebelde.
    Solo estoy siendo yo mismo.
No estoy motivado. No estoy deprimido.
    Solo estoy siendo yo mismo.
No estoy seguro de algo. No dudo de algo.
    Solo estoy siendo yo mismo.
No soy una víctima. No soy un enemigo.
    Solo estoy siendo yo mismo.
No soy pasivo. No estoy enojado.
    Solo estoy siendo yo mismo.

No estoy emocionado. No estoy triste.
    Solo estoy siendo yo mismo.
No estoy inseguro. No estoy confundido.
    Solo estoy siendo yo mismo.
No soy codicioso. No soy pobre.
    Solo estoy siendo yo mismo.

No soy constante. No estoy cambiando.
   Solo estoy siendo yo mismo.
No estoy esperanzado. No estoy herido.
   Solo estoy siendo yo mismo.

No estoy en libertad condicional. No estoy encarce-
   lado.
   Solo estoy siendo yo mismo.
No estoy incluido. No estoy excluido.
   Solo estoy siendo yo mismo.
No estoy saciado. No estoy pasando hambre.
   Solo estoy siendo yo mismo.
No estoy formado. No estoy a medio formar.
   Solo estoy siendo yo mismo.
No soy conocido. No soy desconocido.
   Solo estoy siendo yo mismo.

No soy el centro de atención. No soy inalcanzable.
   Solo estoy siendo yo mismo.
No soy como algo. No soy diferente de algo.
   Solo estoy siendo yo mismo.
No soy causa. No soy efecto.
   Solo estoy siendo yo mismo.
No soy antes de nada. No estoy más allá de nada.
   Solo estoy siendo yo mismo.
No soy yo. No soy tú.
   Solo estoy siendo yo mismo.

No estoy viniendo. No estoy yendo.
Solo estoy siendo yo mismo.
No soy esto. No soy aquello.
Solo estoy siendo yo mismo.
No soy un hecho. No soy una falsedad.
Solo estoy siendo yo mismo.
No soy «¿y si...?». No soy lo que no es.
Solo estoy siendo yo mismo.
No soy negable. No soy comprensible.
Solo estoy siendo yo mismo.

No estoy perdido. No estoy encontrado.
Solo estoy siendo yo mismo.
No soy visible. No soy invisible.
Solo estoy siendo yo mismo.
No soy imaginado. No soy irreal.
Solo estoy siendo yo mismo.

A medida que el tiempo nos va ofreciendo el regalo de la integración, vamos siendo cada vez más nosotros mismos, hasta serlo totalmente, tanto si somos capaces de comprender la verdad de nuestra naturaleza milagrosa como si no. Una vez que nos hemos asentado en nosotros mismos, podemos conocer un propósito más profundo de nuestra existencia que nos une por igual como uno solo, al tiempo que acogemos la singularidad de nuestra expresión individual.

## Tercera parte

# CREAR
# UNA NUEVA
# REALIDAD

CAPÍTULO 12

# POR QUÉ
# ESTAMOS
# AQUÍ

Como hemos venido explorando hasta este punto, estamos aquí en este planeta para desarrollar nuestra formación angélica como almas que están despertando dentro de una forma física. Nos ubicaron en una estructura familiar durante nuestros primeros años de desarrollo por ser el modelo más microcósmico de la conciencia colectiva que vinimos a ayudar a cambiar.

Como preparación para nuestro viaje espiritual, reproducimos memorias celulares y patrones de comportamiento modelados por quienes teníamos alrededor. Esto dio comienzo a la fase de incubación dentro del capullo del ego como el presagio de una expansión mayor e inevitable. Al sobrevivir a todas y cada una de las experiencias que han venido a nuestro encuentro, nuestro ego se ha moldeado como el personaje a través del cual la luz de la energía de la Fuente debe entrar como alma plenamente encarnada.

Ya sea que nos hayamos encontrado atormentados por las dificultades, asolados por la pérdida, emboscados por el rechazo o abrumados por la adversidad, cada etapa de nuestra aventura ha servido para expandir nuestra conciencia y perfeccionar nuestras percepciones en cuanto activadoras de la evolución. Nuestro viaje no es solo un medio para llegar a ser una expresión mayor de la energía de la Fuente, sino también para regresar a la perfección que sabíamos que éramos antes del comienzo de esta vida.

Desde la incubación del ego hasta la encarnación del alma, la vibración de la conciencia centrada en el corazón crece y se extiende por cada capa de nuestro campo energético. Cuando todas las capas se han llenado, esa energía expansiva no puede hacer más que salir de nuestro campo y llenar cada forma que percibimos como el mundo que vemos. A medida que nuestra capacidad de expandirnos va elevando la conciencia del planeta y acelerando la sanación de los demás, el mundo exterior va confirmando la llegada de nuestra maestría al reflejar la mayor energía que hemos estado irradiando para todos.

Esto no significa que debamos esperar hasta que el mundo despierte para aceptar el destino de la realización del alma. Vamos expandiendo nuestra conciencia cuando acogemos las cualidades naturales (*RAW*) de los atributos de nuestra alma con el fin de desarrollar la capacidad de hacer brillar nuestra luz, en lugar de reflejar la oscuridad no resuelta que queda por sanar. Al cultivar los cuatro fundamentos del amor propio y al explorar las cinco etapas de la rendición, nuestra polaridad energética interior se equilibra; por lo tanto, podemos ser amorosos y estar enraizados en la misma medida en que estamos expandidos y somos sabios. Desde este espacio, podemos aceptar la verdadera intimidad de las relaciones como la culminación viva de la relación sagrada.

Cuando la alineación con la Fuente se manifiesta como nuestros actos más nobles hacia nosotros mismos y los demás, cada interacción personal o encuentro aparentemente intrascendente se convierte en una oportunidad de anclar más la conciencia centrada en el corazón.

Ya sea que ofrezcamos cumplidos de forma más sistemática, que nos tomemos tiempo para abrazar nuestro propio corazón con mayor autenticidad, o incluso que ofrezcamos espacio para aquellos que están demasiado abrumados por su viaje de sanación como para respetar la luz que desprendemos, todas y cada una de las elecciones empoderadas que efectuamos aumentan la vibración de nuestra experiencia interior para elevar la del conjunto.

Por más veces que resurja cada patrón, rol o resultado, siempre los veremos desde una perspectiva más alta si aceptamos los términos y condiciones de la vida como un proceso evolutivo en lugar de considerar que constituyen un castigo personal.

Como pioneros de un nuevo paradigma espiritual, hemos venido a este planeta para ayudar a disolver cada límite perceptible que separa al yo de la Fuente para permitir que todos los habitantes de la Tierra recuerden el cielo que siempre está ahí.

Estamos aquí porque somos esenciales para el éxito de una misión que solo puede desarrollarse como la perfección del destino que se está desplegando. Estamos aquí porque importamos, e importamos porque hemos aparecido en la existencia para ser. Cuanto más importantes somos para nosotros mismos, más nos puede importar el bienestar de los demás. Cuando aceptamos lo importante que es todo, el brillo del alma pasa a alojarse totalmente en la tangibilidad de la forma física para reconstruir la realidad desde la vibración más alta de la verdad.

Este es nuestro viaje, y es nuestra misión juntos como Uno (*ONE*). Ya que cada corazón completa el destino en constante evolución de la energía de la Fuente, sea cual sea el personaje que representemos cada uno de nosotros, se confirma la ley absoluta del amor de que la apertura nunca excluye (*Openness Never Excludes*, *ONE*).

## TODO ES UN REGALO

Cuando todo es un regalo, nos abrimos a las revelaciones que confirman nuestros momentos de expansión más notables. Ya que es habitual que el ego use esta idea con fines sutilmente manipuladores, con la esperanza de «aprender sus lecciones» lo más rápidamente posible para poder superar la incomodidad, el tormento, la frustración o la confusión, es fácil descartar la utilidad de esta declaración. No es recomendable sugerir el mantra *todo es un regalo* a quien está sufriendo. En lugar de ello, permitimos que la presencia de su desesperación, por más incómoda que pueda resultarnos, haga más profunda nuestra capacidad de amar durante el tiempo que nuestros corazones puedan soportarlo. En el nuevo paradigma espiritual, no tratamos de darle a nadie una mejor manera de ver nada. En lugar de ello, nos sentimos agradecidos por las oportunidades de encontrar en nosotros mismos los sentimientos que otros instigan y de abrazar en los demás las dificultades que forjan nuestro más alto renacimiento a lo largo del eterno camino de la redención.

Cuando todo es un regalo, no intentamos estar de otra manera que no sea totalmente disponibles a lo que parece ser la vida. Permanecemos abiertos al hecho de que todo existe para inspirar los regalos del beneficio evolutivo, tanto si percibimos esto de inmediato como si lo vamos viendo a lo largo del tiempo.

Cuando todo es un regalo, estamos abiertos al viaje de la evolución. Estamos dispuestos a afrontar todas las adversidades que haga falta y a sentirnos fuera de juego durante todo el tiempo necesario con el fin de cultivar la fuerza, el coraje, la tenacidad y la compasión que nos permitan sentirnos más radiantes, renovados, purificados y poderosos que nunca. Reconocemos la imagen cósmica más grande de la vida sin negar la persistencia y el peso de nuestros sentimientos, características que indican lo profunda que es la reconstrucción en curso.

Cuando todo es un regalo, no les decimos a las personas cómo experimentar su realidad de ninguna manera que sea espiritualmente dogmática. Respetamos la relación entre los opuestos que fluye a través de la unidad de la verdad. Si alguien parece anclado en la negación, solo recibirá el impulso que le inspirará la capacidad de afrontar la realidad con mayor autenticidad en el momento en que esto deba ocurrir. Aunque la tristeza presagia la llegada de la alegría y el miedo refleja un viaje que solo nos conduce a tener más valor, estas transiciones no se pueden afirmar con la insistencia del ego.

Así como el ego no puede forzar que el dolor sea más placentero, tampoco puede interponerse en el camino de la perfección de nuestra expansión. Preguntarnos cómo podemos encontrar nuestro camino es negar el camino en el que estamos, que revelará una multitud de beneficios en el momento exacto en que deban presentarse.

Incluso si no somos capaces de comprender que ciertas experiencias son regalos, todas las circunstancias y resultados no harán más que confirmar fases cruciales de la sanación, en las que debemos arder en la autenticidad de nuestra experiencia directa a fin de dejar más espacio para la aparición de perspectivas más amplias.

Nada ocurre porque nos falte perspectiva. Cada experiencia aporta una conciencia profunda que solo puede ayudar a cultivar el brillo de la luz si pasamos tiempo vagando en la oscuridad.

Cuando todo es un regalo, no usamos la luz para reducir la oscuridad, sino que reconocemos la luz como la capacidad mediante la cual la oscuridad puede reconocerse. Dado que la oscuridad puede verse como la conciencia que no es consciente de su verdadera naturaleza iluminada, permitimos que la luz del amor incondicional respalde, respete y aprecie la oscuridad a lo largo de su viaje, sin necesidad de acelerar el proceso.

Alterar la experiencia de alguien es como cambiar continuamente de lugar unas semillas plantadas, con la esperanza de encontrar un lugar más ideal para su crecimiento. Cada vez que se trasplanta una semilla, el proceso de crecimiento se interrumpe y perturba las raíces, que deben desarrollarse a su propio ritmo.

Que no nos convenga interferir en las transformaciones energéticas que tienen lugar en el transcurso de cada momento de sanación no significa que no podamos contribuir con regalos valiosos.

Quienes están sufriendo están implicados en un proceso de sanación que les permitirá ofrecer amor, fuerza, coraje y compasión a otras personas que se estén sanando. Quienes han sido sanados han sobrevivido a una mezcla perfecta de cambio, realización y descubrimiento, y han acabado más alineados con su potencial más alto, por el bien de aquellos que aún están abriéndose camino.

Cuando todo es un regalo, estamos agradecidos por la sinceridad del testimonio viviente de cada individuo y, al atrevernos a abrazar el corazón de otra persona, estamos agradecidos por la oportunidad de conocer aspectos de nuestro propio ser eterno. Si somos incapaces de encontrarnos con los demás de una manera tan abierta, esto solo puede recordarnos nuestras propias necesidades emocionales. Cuando ocurre esto, nuestro corazón permanece en primera línea para recibir la profundidad infinita de la atención constante que nutre nuestra inocencia mientras se atreve a transformarse.

Cuando todo es un regalo, hay momentos de plenitud, momentos de desolación y todo tipo de momentos entre estos extremos; el conjunto de todos ellos nos brinda la oportunidad de responder a la vida con más fe, respeto, humildad, bondad y solicitud ante las circunstancias adversas.

Cuando todo es un regalo, no necesitamos apartarnos de las dificultades que nos presenta la realidad para conocer el gozo de la fe. Del mismo modo, no tenemos necesidad de buscar la desesperación y el dolor para asegurarnos de que no nos estamos perdiendo algo o no estamos evitando algo. Hay un punto medio, que consiste en algo tan natural como en hacer suficiente espacio en nuestra realidad como para advertir las experiencias que ya estamos teniendo.

En este punto intermedio acogemos todas las experiencias abiertamente, incluso si esto significa estar abiertos a la posibilidad de sentirnos cerrados durante un período de tiempo prolongado.

Si tenemos la conciencia despierta, totalmente integrada y centrada en el corazón, estamos abiertos a que todo sea un regalo favorable a la evolución, tanto si nos gusta el comportamiento de los demás y estamos de acuerdo con las situaciones que se presentan como si no, o aunque deseemos que el crecimiento pueda producirse en condiciones más favorables.

Si hemos desarrollado esta capacidad, amamos lo que surge en nosotros mismos. Si no, el amor que mora en nuestro corazón se manifestará como la compasión de los demás, la luz que emana de la naturaleza o el silencio de la energía de la Fuente pulsando como cada respiración. Sabemos que todo está intrínsecamente diseñado para hacernos mejores de lo que hemos sido nunca, lo cual requiere que seamos fieles a nuestro viaje, por más profundamente que deseemos acelerar o ralentizar las cosas.

En el nuevo paradigma espiritual, valoramos los regalos que son nuestras respuestas más amorosas a la vida, a pesar de lo reactivos que nos mostremos ante lo que sea que ocurra. Si somos incapaces de responder desde el corazón, necesitaremos más espacio, descanso y renovación para ofrecernos la atención constructiva aparentemente ausente en el comportamiento de los demás.

Nadie merece sufrir por ningún motivo, y no se puede considerar que seamos culpables de las experiencias que tenemos. Se nos ha dado la oportunidad de evolucionar si mantenemos el rumbo, lo que inevitablemente revela que tenemos la capacidad de expandirnos sin que sea necesario que la adversidad inspire dicha expansión. ¿Cómo llegamos a este destino? Siendo fieles a nuestros sentimientos sin proyectar sobre los demás y acogiendo nuestra propia inocencia, incluso cuando parezca que somos los únicos que la vemos.

Cuando la respuesta de nuestra conducta más elevada supera la justificación de cualquier reacción, se revela un corazón rendido. Cuando nos rendimos, la alineación permanente con la energía de la Fuente marca el comienzo de la conciencia centrada en el corazón, con toda su belleza, sin que importe la cantidad de dolor que aparentemente fue necesaria para que se revelase la gloria de nuestra perfección.

Demos cada paso con autenticidad y compasión, aunque los regalos no son tales hasta que se revelan. Una vez que se van revelando, los beneficios son impresionantes e infinitamente magníficos.

## ACLARAR EL PROPÓSITO DE LA VIDA

En el viejo paradigma, el propósito de la vida se solía vincular con una determinada profesión, en la que el ego usaba la espiritualidad como una forma de reinventarse. Cuando esto es así, es habitual creer que la insatisfacción con la profesión actual es la razón de la propia infelicidad.

A veces, es oportuno que nos cuestionemos si estamos viviendo la principal pasión de nuestra vida. Si anhelamos hacer algo distinto, nos debemos a nosotros mismos avanzar en esa dirección, por más que nos intimide la perspectiva del cambio. Al mismo tiempo, muchos se extravían al imaginar que el propósito más elevado de su vida es tener una profesión de tipo espiritual.

Si estamos destinados a ganarnos la vida con una profesión espiritual, la oportunidad encontrará la forma de llegar a nosotros antes de que tengamos ocasión de perseguirla. En cambio, si la realidad que se nos presenta no está en consonancia con nuestro deseo de tener una profesión espiritual, se nos está invitando a vivir una vida más satisfactoria desde el punto de vista de la espiritualidad, sea cual sea nuestro trabajo.

El propósito de la vida no tiene que ver necesariamente con aquello a lo que nos dedicamos, pero sí siempre con la forma en que elegimos responder para el bienestar de todos. Una de las maneras más potentes de empezar cada día consiste en decidir cómo deseamos responder, independientemente de cómo elijan vernos los demás o cómo elijan reaccionar ante nosotros. Es lo que se conoce como *establecer una intención*.

Dado que todo es un regalo, decidimos cuál es el propósito de nuestra existencia al elegir qué ofrendas emocionales deseamos proporcionar a aquellos con quienes nos encontremos. Cuando tenemos claro qué regalos exactamente estamos abiertos a compartir con los demás, la convicción de nuestra generosidad hace que dejemos de asumir energéticamente las experiencias de otras personas.

Cuando hemos decidido cuáles son los regalos que deseamos compartir exactamente, nuestra conciencia se asienta más en recibir los mismos regalos que ofrecemos, en lugar de asumir la densidad emocional que nuestro campo energético sana en los demás.

Una víctima no se define por las circunstancias que vive, sino por la medida en la que desconoce qué regalos vino a ofrecer a este mundo. Un héroe no es alguien que nunca experimenta miedo, sino alguien que no permite que sus dudas, preocupaciones e inseguridades eviten que brille su luz. Cuando pasamos del ego al alma, la víctima interior se transforma en el héroe redentor, pues pasamos a vivir una vida dotada de mayor propósito al hacer las cosas intencionadamente para el beneficio de todos.

Puesto que todo es uno (*ALL IS ONE*), los regalos que ofrecemos constantemente a los demás se convierten en las experiencias que percibimos como la vida y en las gafas a través de las cuales vemos la realidad. Del mismo modo, cuando no hemos decidido qué regalos vinimos a dar, la falta de intención se traduce en experiencias de carencia.

## Para aclarar la cuestión del propósito de la vida, reflexiona sobre la sabiduría contenida en las preguntas siguientes:

¿Qué emoción quieres que los demás sientan en tu presencia?

¿Es la misma emoción que anhelas sentir más a menudo?

¿Cómo sería tu día a día si estuvieras más enfocado en dar regalos emocionales a los demás, en lugar de sentir lo que los otros retienen?

¿Y si la mejor manera de transformar el victimismo colectivo de la humanidad es efectuar elecciones intencionadas que el mundo no parece realizar?

¿Y si solo nos pesa la energía de los demás o asumimos su condicionamiento si, como el mundo en general, no dejamos aflorar los regalos que residen en nuestro interior?

Una vez que hayas decidido cuál es exactamente la emoción que quieres que los demás sientan en tu presencia, una emoción que puede coincidir con el sentimiento que esperas experimentar más a menudo, discierne el propósito de tu vida al incluir la emoción elegida en el espacio en blanco contenido en la siguiente declaración:

Con el fin de discernir el propósito de mi vida, tengo la intención de bendecir a los demás con el/la _____ _____, independientemente de cómo elijan verme o responderme.

Se ha extendido mucho la estrategia de «simular la emoción hasta sentirla» para obligar al cuerpo a fabricar estados emocionales más positivos. Pero es más fácil que sintamos los regalos que otorgamos a los demás con cada bendición. Date cuenta de que no tenemos que sentir ninguna emoción en concreto para bendecir a alguien con los sentimientos exactos que deseamos para nosotros mismos. La bendición es siempre un acto auténtico, con el cual nos sentimos mejor con nosotros mismos cuando nos concentramos en los regalos positivos que compartimos.

Si te parece demasiado difícil asumir esto, ello es indicativo de que tienes la necesidad de convertirte en el centro de atención de tus bendiciones. Como anclas de la conciencia centrada en el corazón, las bendiciones que ofrecemos a los demás elevan nuestra propia experiencia, de la misma manera que las bendiciones que nos ofrecemos a nosotros mismos elevan el mundo que nos rodea. Este es el milagro de la unidad.

## ANATOMÍA DE LA SONRISA

Una de las formas más potentes de transmitir bendiciones es sonreír más a menudo. Una sonrisa es una ofrenda de buena voluntad. Es una chispa de energía divina que se manifiesta entre dos personas y abre la cortina de la percepción para recordarnos la luz que habita en todos. Una sonrisa es un acuerdo ético subconsciente que reemplaza las formas en que la sociedad juzga a los demás como extraños con la franqueza de la implicación, siempre que los ojos establezcan contacto directo. Una sonrisa es una celebración de nuestro corazón inocente e impoluto, que está siempre dispuesto a estallar de alegría en determinados momentos de inspiración, por más destrozado, golpeado o derrotado que pueda haberse sentido.

Una sonrisa es una declaración de libertad que brilla desde nuestra naturaleza eternamente liberada, que grita apasionadamente, a través del lenguaje cósmico del silencio: «Estoy aquí. Importo. Existo por una razón». Una sonrisa es un regalo de generosidad emocional, una especie de cheque regalo de energía sanadora; quien lo recibe puede decidir cuál es la mejor forma de aplicar esa energía para la evolución de su alma. Una sonrisa es una confirmación de que estamos alineados con la Fuente y asentados en nuestra verdad más alta, que solo revela la necesidad de transformaciones más profundas en el momento en que miramos hacia otro lado, retrocedemos y nos escondemos.

Una sonrisa es un apretón de manos entre ángeles que afirma la perfección de su victoria, sean cuales sean las circunstancias. Una sonrisa es un recuerdo del cielo enviado desde el espacio más puro que hay en nuestro interior para despertar la pureza de todos. Una sonrisa es un símbolo de la conciencia centrada en el corazón que afirma que este momento es completo, correcto y perfecto tal como es.

Una sonrisa es un alto al fuego espiritual que solo supone la derrota de las partes y los aspectos que no se crearon para ir más allá.

Una sonrisa es un momento de profunda rendición, en el que ya no necesitamos comprenderlo todo ni supervisar un viaje que está demasiado ocupado cuidando de nosotros para informarnos sobre su plan.

Ojalá el resto del viaje de nuestra vida constituya una oportunidad para recordar el poder de la sonrisa; la sonrisa que acompaña una mirada extasiada intercambiada por dos amantes, o la admiración que un padre le manifiesta a su hijo, o el apoyo que un amigo le brinda a otro, o un ofrecimiento que salva las fronteras entre dos comunidades... Si nos parece que hemos perdido la sonrisa, ello nos da la oportunidad de reconocer las sonrisas de los demás, incluso cuando las dirigen a otras personas, como una forma de volver a entrar en contacto con la alegría que mora en nuestro interior.

La sonrisa es el acto de bondad más dulce y simple que se puede realizar. Al tomarnos tiempo para sonreír más a menudo de manera más deliberada, abierta y auténtica, podemos alegrarnos de la frecuencia con la que se nos brinda la oportunidad de interactuar positivamente con la unidad de la vida. Cuanto más a menudo nos abramos y nos atrevamos a brillar, con mayor conciencia podremos conocer y experimentar la fuente infinita de felicidad que mana en nuestro interior.

## TODO SON ELECCIONES

A medida que cultivamos la conciencia centrada en el corazón a través de las ideas y prácticas del nuevo paradigma espiritual, podemos encontrarnos con que somos más conscientes de las opciones disponibles y no intentamos controlar cada resultado. Cuando la conciencia de las opciones supera el deseo de control, hemos descubierto la libertad inherente al hecho de existir.

El ego cree que la libertad consiste en poder influir sobre la realidad. Esto se debe a que en la mayoría de los momentos dolorosos experimentamos que era la realidad lo que nos controlaba, a través de personajes que aparecieron para afectar a nuestra experiencia. Quien se ha sentido controlado a menudo anhela controlar a los demás, como una forma de evitar el dolor y el confinamiento que podrían acecharle en el futuro. Si bien el paso de víctima a agresor es habitual durante la incubación del ego, cuando nos expandimos desde la perspectiva del alma podemos acceder a la naturaleza de la verdadera libertad sin sentir la necesidad de imponer, manipular o controlar nada.

## LA VÍCTIMA Y EL AGRESOR

La víctima y el agresor constituyen los dos arquetipos básicos del ego. La víctima representa el aspecto pasivo, mientras que el agresor representa el lado agresivo del condicionamiento humano. Esencialmente, el movimiento del ego reproduce varios patrones de comportamiento pasivo-agresivo. Es la energía inconsciente del comportamiento pasivo-agresivo lo que inspira las actividades que son la preocupación, la anticipación y la queja, que también se manifiestan como las respuestas de lucha, huida o paralización. Tanto si pasamos más tiempo en uno de estos aspectos como si vamos alternando entre ellos con frecuencia, el mayor propósito de la inconsciencia es ayudar a desarrollar un impulso emocional que inspire el despertar de una nueva perspectiva.

Aunque hay muchos caminos y enfoques para despertar de la incubación del ego, cuando no se está enraizado en el enfoque más centrado en el corazón es habitual que la víctima se transforme en una víctima espiritual y que el agresor pase a ser un agresor espiritual. Por eso es tan importante recordar siempre que todo está aquí para ayudarnos. Cuando la vida está de nuestra parte, incluso cuando aparecen personajes que parecen socavar nuestro brillo y nuestra alegría podemos estar en comunión con las opciones que están siempre disponibles para nosotros, unas opciones que ninguna persona, lugar o cosa pueden arrebatarnos.

## LA NATURALEZA DEL CONFLICTO

El conflicto es un estado de desarmonía que se produce cuando algún tipo de victimismo se encuentra con algún grado de comportamiento agresor. Incluso cuando una víctima se encuentra con una víctima, quien se encuentra más sumido en el ego se convierte en el agresor en el momento en que el otro se adentra más en el victimismo. Lo mismo ocurre cuando un agresor se encuentra con otro agresor. Inevitablemente, uno se afirma como el alfa del momento y el otro adopta un papel más próximo al de la víctima.

Estos son los patrones dolorosos del sufrimiento humano que nosotros, como ángeles en formación, hemos venido a disolver y transmutar para el bienestar de todos. Puesto que todo es uno (*ALL IS ONE*), las elecciones que efectuamos para cultivar las cualidades naturales (*RAW*) de los atributos más elevados de nuestra alma, para abarcar los cuatro pilares del amor propio y para completar las cinco etapas de la rendición, nos ayudan a irradiar energía con el fin de despertar la conciencia centrada en el corazón en todos los rincones del mundo.

## EL ANCLAJE DE UN NUEVO PARADIGMA ESPIRITUAL

Cuando pasamos a elegir, ante todo, cómo vemos cada momento y cómo elegimos responder, podemos dar un paso valiente para cumplir con nuestro papel como anclas de un nuevo paradigma espiritual.

El victimismo es un estado de ser en el que uno se ve afectado por las elecciones de los demás mientras se niega a considerar las opciones disponibles. El comportamiento agresor significa que uno se siente tan cerrado a causa de las heridas del pasado que intenta eliminar las opciones de los demás con el fin de sentir un control profundo que nunca encontrará. El empoderamiento consiste en reconocer que todo está aquí para ayudarnos a tomar las decisiones más inspiradas y sinceras en favor de la expansión de nuestra alma, a pesar de lo desagradable o desalentador que nos pueda parecer cualquier momento dado.

Cuando estamos enraizados en la conciencia centrada en el corazón, todo son opciones. Es posible que no hayamos elegido el resultado y nos encontremos en un entorno que no nos guste, pero siempre tenemos opciones y la capacidad de reconocer los mensajes de la Fuente que nos impulsan a ser más nobles, valientes, reflexivos y amorosos.

Cuando las personas actúan amorosamente en nuestra presencia, la Fuente nos está invitando a cultivar frecuencias de luz más elevadas siendo igual de amorosos con esas personas, y con nosotros mismos. Cuando los demás se muestran crueles, la Fuente nos está invitando a sumergirnos más en el amor propio con el fin de elevar la vibración del planeta. Y puesto que el hecho de permanecer en entornos abusivos y emocionalmente tóxicos no presenta beneficios evolutivos, siempre somos libres de ir a un lugar en el que estemos más seguros y de ayudar a transformar a todas las víctimas y todos los agresores al amarnos a nosotros mismos.

De acuerdo con las leyes de la conciencia de unidad, no tenemos que compartir espacio con las víctimas o los agresores para ayudar a deshacer estos patrones. Basta con que dediquemos tiempo a tratarnos a nosotros mismos y a tratar a los demás mejor de lo que nos han tratado nunca, ya sea estando en contacto con la Fuente en público o acogiendo nuestro propio corazón en privado.

Es posible que hayas albergado la creencia de que el hecho de que te maltrataran significaba que había algo malo en ti que hizo que eso sucediera. Culparte por este tipo de circunstancias puede conducirte rápidamente al patrón del victimismo espiritual. El hecho es que no hay nada malo en ti. Ocurre que cada momento es una oportunidad que

tienes de sanar varios patrones del colectivo que se manifiestan como los altibajos de tu viaje personal.

Cuanto más a menudo aceptemos el poder de nuestras elecciones de la manera más centrada en el corazón,
más fácil nos será ayudar a cambiar el colectivo sin vernos
atraídos hacia la densidad de su dolor o sin ser asaltados
por las sanaciones no resueltas en los demás.

Cuanto más sean devueltos a la Fuente los patrones
pasivo-agresivos de la víctima y el agresor e integrados
en la luz del alma, más natural nos resultará verlo todo
como un aliado, incluso cuando esté camuflado como un
enemigo. Desde este espacio, en el que todo está aquí
para ayudarnos, nosotros somos quienes están ayudando
a todo a transformarse, solo al atrevernos a tomar decisiones inspiradas.

## TODOS DIVINOS, TODOS HUMANOS

La conciencia de unidad es la comprensión de que
todo es uno (*ALL IS ONE*). Es la fuerza regente del universo, que expresa la ley absoluta del amor a través del espacio infinito, reconociendo que la apertura nunca excluye.
Cuando la verdad de la unidad está plenamente incorporada, la gracia de la conciencia centrada en el corazón
ha despertado. Esto se produce cuando el ego se integra
en el alma y resurge como una expresión autorrealizada
de la energía de la Fuente. En lugar de ver esto como un
intercambio de experiencias personales en favor de una
realidad más espiritual, intenta verlo como la llegada de
nuestro potencial humano más elevado, como la perfección de la divinidad en forma física.

El mantra del nuevo paradigma es *todos divinos, todos humanos*. En esencia, estamos cultivando nuestros atributos cósmicos más elevados para manifestar nuestras experiencias personales más puras y satisfactorias. Esta es la razón por la que los seres humanos no son expresiones de baja calidad de la energía de la Fuente, sino oportunidades para que la Fuente exprese su inmaculada perfección en el ámbito sensorial definido por el tiempo y el espacio.

No somos una especie dañada orbitando sin rumbo fijo en el sistema solar. Somos el potencial milagroso de la verdad eterna de la vida y estamos experimentando una transformación global radical a través de la sanación y el despertar de cada individuo.

Nos estamos haciendo conscientes de que somos la gracia de la divinidad encarnada en un mundo de formas. Solo con que nos atrevamos a vernos a nosotros mismos y a acoger nuestra inocencia como siempre ha hecho la Fuente, podemos transformar el mundo.

Conocernos a nosotros mismos en cuanto somos la verdad es sabiduría. Asumir esta sabiduría en relación con nosotros mismos y con los demás es la realidad viva del amor.

A medida que vamos cultivando en nuestro interior la conciencia centrada en el corazón y se va reflejando en el exterior, más personas reciben la inspiración de recordar su verdadera naturaleza, solo por estar en presencia de quienes se atreven a amar. Por eso estamos aquí. Es nuestra misión cumplir todo el desarrollo de un destino que garantiza que no podemos hacerlo mal de ninguna de las maneras.

Todos somos divinos, a pesar de cómo actuemos o de cómo parezcamos ser. Todos somos humanos, por más descubrimientos espirituales que hayamos cosechado por el camino. Hemos nacido de la perfección amorosa; por lo tanto, solo estamos destinados a volver a la perfección del amor, sin que sea relevante lo imperfectamente que se desarrolle algo. Dado que todo está aquí para ayudarnos, cualquier cosa que digamos o hagamos tiene que estar contribuyendo a la evolución del conjunto. Esta declaración no pretende justificar los comportamientos crueles o mantener los patrones autodestructivos, sino que nos ayuda a aflojar la necesidad interna de control, para que podamos ver la vida a través de los ojos de la Fuente y recordar el gran propósito que ya estamos expresando.

## MANIFESTARNOS CON AMOR

Dado que nacimos de una fuente que es perfección amorosa, la perfección de nuestro viaje consiste en regresar a la Fuente para manifestar el amor como una realidad tangible. A medida que vamos avanzando en este sentido al integrar el ego desde la perspectiva del alma, vamos siendo capaces de colaborar con la energía de la Fuente para manifestar las realidades más increíbles. Una vez que hemos completado las cinco etapas de la rendición y estamos actuando a menudo y de forma natural sobre la base de los cuatro pilares del amor propio, accedemos a nuevas aventuras milagrosas que atraemos a lo largo de nuestro viaje.

Si bien la ley de la atracción se enseña normalmente como un medio para obtener lo que se desea, la idea se vuelve notablemente simple y brinda mayor apoyo emocional cuando adoptamos una explicación más centrada en el corazón relativa a por qué se produce la atracción. Si hemos atraído la adversidad, es solo para desmentir las creencias que albergamos respecto a nuestras limitaciones cuando mostramos aquello a lo que podemos sobrevivir. Cada momento en el tiempo es como un punto de expansión más del arco emocional de un héroe de una historia épica.

Cuando estamos arraigados en la perspectiva del alma, no estamos tan preocupados por lo que sucede como enfocados en cómo respondemos a lo que sea que suceda. La ley de la atracción está aquí para recordarnos las leyes cósmicas de la perfección divina, por las que todo ocurre en favor de la evolución, incluso cuando lo vemos como el peor escenario posible. Esta no es solo una idea inspiradora, sino que es una ley de la Voluntad universal según la cual todo contribuye a nuestra máxima expansión.

## DI TU VERDAD

Cada momento se crea para ayudarnos a cultivar las cualidades más elevadas, las respuestas más potentes y los atributos radiantes de un alma completamente despierta como la principal herramienta de la que disponemos para transformar todos los aspectos de la vida. Dado que ya somos la verdad de la energía de la Fuente encarnada como la singularidad de un individuo, una vez que nos hemos rendido por completo podemos empezar a efectuar peticiones en nombre del amor para permitir que se manifiesten como realidades nuestros deseos más profundos.

Antes de que acontezca la rendición, es fácil que creamos que seremos más felices cuando las cosas externas a nosotros cambien para mejor. Esta es exactamente la razón por la cual no tenemos acceso al poder de manifestación. Si lo tuviéramos, podríamos tener lo que quisiéramos siempre y cuando permaneciéramos estancados en un nivel de conciencia que no nos permitiría sentirnos dignos de tener eso o satisfechos con ello. Por eso precisamente, las etapas iniciales del viaje espiritual son preparatorias. Una vez que nos hemos preparado energéticamente para encarnar la frecuencia de la luz que sostiene la evolución del planeta, ya estamos arraigados en el sentimiento de valía y en la conciencia que nos permiten tener lo que queremos sin ceder nuestro poder.

Una vez que sabemos cómo podemos sentirnos felices, completos, contentos, amorosos, en paz y libres, tanto si obtenemos lo que deseamos como si no, hemos entrado con éxito en una nueva realidad emocionante, en la que nuestros deseos pueden manifestarse como reflejos de nuestra vibración, que no para de expandirse.

Al cultivar las cualidades más elevadas de nuestra alma por medio de respetar, reconocer y acoger cada catalizador del crecimiento espiritual podemos declarar, despreocupadamente, cuáles son las cosas, los eventos, los recursos y los resultados que nos encantaría que se manifestasen en nuestra realidad; pero sabiendo, en lo profundo del corazón, que solo somos capaces de atraer a nuestra realidad aquello que va a apoyar nuestra mayor evolución. Esto es lo que significa decir nuestra verdad. Primero, nos convertimos en la verdad que ya habita en nosotros, para que podamos decir la verdad relativa a los deseos más profundos de nuestro corazón mientras cumplimos el deseo del universo de ser anclas angélicas de la conciencia centrada en el corazón.

En el nuevo paradigma espiritual, el gozo de pedir lo que se quiere y el gozo de obtener lo que se quiere «pesan» lo mismo desde el punto de vista energético. Esto significa que cada vez que expresamos abiertamente un deseo actuamos como defensores de nuestra propia inocencia, al permitirle que desee libremente lo que quiera sin vacilar o censurarnos. Ciertamente, esto no significa que obtendremos siempre lo que deseamos o que las cosas que queremos son las que más nos convienen.

Debido a que todo está aquí para ayudarnos, la vida consiste en desarrollar el valor para solicitar el cumplimiento de cada deseo a la vez que permitimos que nuestra sabiduría más elevada revele exactamente lo que necesitamos para aventurarnos en el próximo nivel más elevado de conciencia. Muy a menudo, las personas no se sienten carentes de poder debido a las circunstancias que están viviendo, sino que se sienten *sofocadas* por un profundo sentimiento de desmerecimiento por el que solo si sus deseos se manifiestan se sienten legitimadas para seguir pidiendo. En cambio, a través de la gracia del corazón rendido, cuando pedimos lo que deseamos y no lo obtenemos podemos descubrir un gozo que no se ve afectado por las ganancias y las pérdidas, un gozo que se expande en nuestro interior cuando expresamos nuestros deseos sin apegarnos a los resultados.

**Para cultivar el sentimiento de que mereces expresar los deseos más profundos de tu corazón, reflexiona sobre la sabiduría contenida en las preguntas siguientes:**

¿Y si pedir lo que deseamos nos aportase alegría con mayor rapidez que esperar obtener lo que deseamos?

¿Y si obtener lo que queremos no puede garantizar que tengamos la sensación de que merecemos tenerlo al cien por cien?

¿Y si resulta que siempre obtenemos lo que queremos, pero solo en el momento en que es beneficioso para nuestra mayor evolución?

¿Y si obtener lo que queremos en un momento en que no estamos listos para recibirlo en su totalidad es lo peor que podría ocurrir?

¿Cómo puede todo momento en el que no obtenemos lo que queremos convertirse en una oportunidad de aceptar la sabiduría del universo con mayor fe, veneración y respeto?

¿Y si esperar para obtener lo que queremos fuera lo mejor para nosotros, por más desesperados o imperfectos que pueda hacernos sentir esto?

Tal vez más rendido que nunca, puedes ver cómo pedir lo que deseas te permite sentirte empoderado y apoyado, tanto si eso se manifiesta como si no. Desde este

POR QUÉ ESTAMOS AQUÍ

espacio en el que experimentas una nueva claridad estás ayudando a transformar la realidad para el bienestar de todos, solo recordando que todo está aquí para ayudarte.

---

**Para repasar el conjunto de las ideas ofrecidas en este libro, reflexiona sobre la sabiduría contenida en las afirmaciones siguientes extraídas de él, que se han tejido en una sola declaración de sanación, o léelas en voz alta:**

Acepto que el ego es el alma en sus etapas de incubación más latentes. No debemos enfrentarnos a él, rechazarlo ni negarlo, por más doloroso que pueda ser su vaivén entre los patrones de la preocupación, la anticipación y la queja. Acepto que no me preocupo, no anticipo y no me quejo por ninguna de las razones que pudiese haber creído o imaginado.

Sencillamente, estoy aplicando estos patrones como una forma de generar el impulso que inspirará el despertar de la conciencia. Al saber que esto es así, permito que todos los aspectos de mi guerra (*WAR*) interna sean sanados y resueltos, a medida que voy generando más espacio para la expansión de mi alma. Acepto mi sanación más profunda en nombre del amor, sabiendo que todo lo que resuelvo dentro ayuda a la transformación de todos los corazones, ya que somos uno (*WE ARE ONE*).

Esto me ayuda a reconocer que mi viaje espiritual no consiste en escudriñarme bajo un microscopio espiritual, sino en permitir deliberadamente que las cualidades innatas más elevadas de mi alma brillen en mí con mayor constancia y con mayor intención por mi parte. Hago esto respetando la divinidad presente en los demás, reconociendo las señales que me indican cuál es la mejor manera de apoyar el viaje único de sanación de cada persona y acogiendo las circunstancias que inspiran mi expansión más profunda, tanto si son acordes con mis deseos como si no.

Sabiendo que esto es así, permito que todas las cualidades naturales (RAW) de los atributos más elevados del alma se activen dentro de mí e irradien para el bienestar de todos. A partir de este momento, estoy arraigado de forma natural en el entusiasmo de cada regalo que he venido a ofrecer. No tengo que tener miedo de lo que los demás puedan quitarme o negarle a mi corazón.

Estoy aquí por una razón. Existo con un propósito. Vine aquí para ser relevante de algún modo.

El hecho de tener el corazón abierto y receptivo hace que me resulte más fácil ver que todo lo que experimento solamente está aquí para ayudarme.

Tanto si representan patrones de expulsión de residuos emocionales presentes en mi campo como si reconozco que son capas de inconsciencia sanadas en todo el colectivo, respeto cada pensamiento y sentimiento por el gran beneficio evolutivo que ofrece.

Acepto la naturaleza de la adversidad, que ayuda a crear un punto de fusión adecuado para transformar mi rigidez personal en la luz de mi forma original. Respeto el regalo de la pérdida, ya que deja espacio en mi realidad para que aparezcan regalos mayores. Reconozco que los miedos tienen una razón profunda de ser: son señales que manda el universo de que se acercan momentos de crecimiento. Respeto la sabiduría de la ira, que revela cuándo alguien está demasiado abrumado por su viaje de sanación como para poder interactuar desde el corazón. Acojo con satisfacción el juicio como un ayudante que me recuerda que estoy eliminando creencias limitantes de mi campo energético, así como del campo energético de otras personas. Acepto lo que tiene de bueno pensar demasiado: es un reloj de alarma que me informa de lo abierto o cerrado que está mi corazón.

Reconozco el propósito profundo de la tristeza, ya que aparece justo en los momentos en los que el ego se disuelve. Me doy cuenta de que la decepción presenta un beneficio, y es que el ego obtiene mayor permiso para deshacerse cuando no se sale con la suya. Reconozco el poder profético de la envidia como un presagio de que voy a recibir más bendiciones. Aprecio el resentimiento como un libertador inesperado que me muestra las áreas de mi vida en las que me abstengo de expresar plenamente mi libre albedrío.

En lugar de implicarme con los sonidos que denotan conflicto, puedo respetar, honrar y acoger a cada aliado espiritual a través del poder de la respiración. Al hacerlo, sirvo a mi propósito como ángel en forma humana que encarnó para elevar al colectivo sin tener que atenuar mi luz o igualar mi vibración con la de quienes me rodean.

Al gozar de una nueva claridad, puedo ver que la resolución no viene determinada por unas experiencias espirituales más profundas, sino por el hecho de permitir que las energías más sutiles sean aceptadas por la vibración conciencial más alta que ya está dentro de mí. Hago esto al abrazar los cuatro fundamentos del amor propio como una forma de ayudarme a integrar el viaje de sanación que ya está en marcha.

Al tomarme el tiempo necesario para estar descansado, enraizado en el espacio, alineado con la respiración y en paz con el tiempo, doto de mayor profundidad a la relación sagrada que mantengo conmigo mismo. Desde este espacio, la receptividad emocional se convierte en una puerta de entrada a las experiencias espirituales trascendentes, que acuden a mí mucho más rápidamente de lo que puedo perseguirlas.

Mientras ocurre esto, solo por el hecho de tomarme tiempo para ocuparme de mí estoy elevando mi vibración como anunciador del bienestar para inspirar al mundo a ser más solícito y compasivo.

Con más entusiasmo, fe y confianza que nunca, acepto que todo es un catalizador de la evolución espiritual, por más molesto, doloroso, confuso o frustrante que me parezca. A través de la sabiduría contenida en la pregunta de oro, me permito aceptar los peores acontecimientos de mi vida como las mejores oportunidades que se me han dado para crecer y evolucionar. Al diferenciar el efecto de mis sentimientos de la culpa que asigno a los individuos que parecían causarlos, me permito sentir mis emociones de todo corazón, para contribuir así a mi propio viaje de sanación, así como a la expansión de todos. Desde este espacio de mayor seguridad, activo el poder del verdadero perdón al perdonar a los individuos que tengo en mente y al recordarme que no fui el verdadero objetivo de ningún ataque. En lugar de ello, estoy presenciando las muchas formas en las que la energía de la Fuente regresa a su verdadera naturaleza a través del despertar de cada corazón. Esto supone el final de mi primera etapa en el viaje de la rendición, lo cual implica el inicio de una etapa nueva y emocionante, en la que todo debe ser acogido y nada inculpado.

Tal vez he encarnado para cumplir una misión que tiene que ver con un panorama cósmico más grande. ¿Significa esto que no necesariamente vine con patrones kármicos motivados por errores previos, sino que elegí cargar con ciertas improntas, condicionamientos y memorias celulares para sanar linajes familiares y liberar a la humanidad a través de mi propia sanación? Puesto que nací de una fuente de perfección amorosa, no podría ser más que la perfección de una fuente amorosa. Sabedor de esto, acepto la frustración, el aburrimiento, la soledad y la confusión como signos de la rapidez con la que me estoy expandiendo, en lugar de concebirlos como enemigos a los que oponerme, juzgar o negar.

Si hay patrones experienciales que se repiten, acepto que esto ocurre para mi beneficio evolutivo, pues me permite ver las mismas cosas desde perspectivas concienciales más altas en cada ocasión. Esto me ayuda a pasar de ver la vida como un castigo espiritual a verla como un proceso evolutivo en el que todo está aquí para ayudarme a alcanzar mi pleno potencial.

Así soy libre. Así soy acogido. Así me redimo. Así me realizo. Así soy. Así es.

---

A lo largo de este libro hemos respetado, reconocido y acogido nuestro camino hacia los atributos de las cualidades más elevadas del alma. Hemos iniciado el proceso de equilibrar nuestras energías masculina y femenina interiores y de asumir los cuatro pilares del amor propio para permitir que nuestra rendición más profunda y sincera se procese en medio de la paz y la compasión, y de forma fluida. Hemos visto que las mismas circunstancias y personas pueden verse como aliadas o como enemigas según el punto de vista que adoptemos, y hemos comprendido el verdadero significado del perdón al recordar que la luz de la energía de la Fuente está en todo.

Al respetar los beneficios evolutivos codificados en cada encuentro, nuestra transición del ego al alma sigue avanzando de la manera más centrada en el corazón. No siendo ya víctimas de las circunstancias, reconocemos las profundidades de nuestro proceso evolutivo, como ángeles en forma física que encarnan para elevar la conciencia de todo un planeta.

Cada uno de nosotros estamos efectuando nuestra contribución personal a la transformación del colectivo, y nos hemos dado cuenta de que no es necesariamente lo que sucede, sino cómo respondemos a ello, lo que determina la evolución de nuestro aprendizaje.

Estas palabras nos preparan para llevar esta sabiduría al mundo como compañeros fiables para el viaje que tenemos por delante. Debemos felicitarnos por lo lejos que hemos llegado y alentarnos a seguir expandiéndonos. Estamos cruzando, emocionados, el umbral que nos conduce a una realidad totalmente nueva.

Bienvenido(a) a casa, querido ángel radiante. Bienvenido(a) a casa.

CAPÍTULO 13

# PRÁCTICAS
# DIARIAS

Un viaje espiritual puede explorarse en muchos niveles, tanto si somos yoguis de fin de semana o investigadores casuales, como si somos exploradores incansables de nuestra realidad interior. Tanto si estamos observando desde lejos como si estamos listos para arremangarnos y sumergirnos en las profundidades de la revelación más profunda, este viaje requiere un verdadero compromiso para que acudan los descubrimientos y experiencias más valiosos.

No hay que confundir compromiso con esfuerzo. A menudo, el esfuerzo está determinado por la fuerza con que empujamos, mientras que el compromiso tiene que ver con lo constantes que somos. Si bien es necesario estar dispuesto a esforzarse en muchos ámbitos de la vida, es importante recordar que empujar con más fuerza no

determina que se vayan a obtener los resultados persegui-
dos, pues a menudo la forma de alcanzarlos es la sinceridad implícita en un mayor compromiso espiritual. Este
compromiso no implica necesariamente ser bueno en una
determinada práctica, pero sí perfeccionar el arte de la
aplicación sistemática. Esto significa que la maestría no es
un logro obtenido tras habernos enfocado en un objetivo.
Al no tener objetivos que ir tachando de nuestra «lista de
tareas espirituales», la maestría es una celebración gradual
de la aplicación diaria.

El valor del compromiso permite que la práctica espiritual diaria responda a las preguntas siguientes: ¿cómo
de atentos hemos aprendido a estar en presencia de las
dificultades que aparecen en nuestra vida? ¿Con qué frecuencia atendemos nuestras propias necesidades internas, en lugar de esperar a que otros llenen el vacío o de
perder los estribos cuando la vida no va según lo que hemos planeado? ¿Hemos descubierto que el verdadero regalo de la práctica espiritual proviene de estar ahí, sin que
sea relevante el talento que mostremos en la práctica, sino
la frecuencia con la que nos aplicamos a encontrarnos en
un nivel más íntimo y auténtico?

Cuando está anclada en un compromiso verdadero y
sincero, la práctica espiritual puede ofrecer muchos beneficios en favor de la aceleración del progreso de nuestro
viaje. Puede acortar el tiempo requerido para la sanación,
ampliar los parámetros de las perspectivas limitantes e incluso ofrecer mayores explicaciones a los misterios que se
despliegan en nuestro interior.

Cada vez que decidimos implicarnos en una práctica que ofrezca beneficios físicos, emocionales o energéticos, es nuestra capacidad de dedicar tiempo cada día a nuestro propio cuidado y crecimiento personal lo que permite que se expanda el valor de nuestra ética más elevada. Si no hemos integrado una práctica en nuestro día a día, es más probable que nos veamos afectados por los cambios imprevistos e inevitables.

Cuanto más hemos asentado una práctica espiritual en nuestra rutina diaria, mayor es la armonía que tendemos a sentir, por más que nos sorprenda la vida. Una práctica espiritual no consiste en ser bueno en algo; solo consiste en hacer el esfuerzo de realizarla a conciencia.

Mientras que el ego puede intentar perfeccionar cada práctica o acometer solamente los procesos con los que cree que puede manejarse bien, el alma ve la práctica espiritual como una oportunidad de fortalecer el conjunto de habilidades que componen la constancia. Cuanto más constantes seamos en la realización de una práctica, más satisfactorias serán las relaciones que podremos crear, en nuestro interior y en todos los ámbitos. Esto se debe a que una práctica espiritual es la actividad del compromiso cultivado a través del ejercicio de la constancia. Cuanto más constantes somos en nuestras prácticas, más podemos comprometernos a dar y recibir amor.

La práctica espiritual también ayuda a sanar las heridas del abandono. Si los recuerdos de rechazo nos han marcado, podemos ayudar a nuestra inocencia a resolver esto desde el punto de vista emocional a través de nuestra disposición a comprometernos con una práctica y no seguirnos abandonando a nosotros mismos de la misma manera en que nos abandonaron determinados personajes de nuestro pasado. Al atrevernos a comprometernos con nuestro propio bienestar interior, tal vez con más autenticidad y dedicación de las que nadie nos ha brindado, fortalecemos nuestro personaje como ángel que se encuentra en proceso de evolución dentro de una forma física.

Es importante explorar diversas prácticas espirituales para saber cuál puede satisfacer nuestras necesidades específicas. Hay ocasiones en las que ciertas prácticas nos resuenan, y otras ocasiones en las que una práctica ha cumplido su función. Sea cual sea la que incorporemos o soltemos, debemos tener el propósito de encontrar tiempo para ella cada día, tanto si es la misma durante muchos años como si nos implicamos con muchas diferentes a lo largo de la vida.

Dado que los beneficios de la práctica espiritual a menudo ayudan a fortalecer alguno de los cuatro pilares del amor propio, o incluso todos ellos, es habitual que el ego se sienta abrumado, sofocado o encarcelado por un proceso que culmina en su disolución. Sea cual sea la práctica, a menudo vamos siendo más capaces de estar centrados en el corazón, bien descansados, enraizados en el espacio y en paz con el tiempo a medida que el ego se va deshaciendo. Puesto que este intenta mantenerse intacto, con la esperanza de dominar la práctica que justamente está orientada a contribuir a integrarlo en la Fuente, es importante que abordemos nuestra práctica espiritual con bondad amorosa, para que el ego pueda soltarse de forma fácil y apacible.

La práctica espiritual no debe utilizarse como un arma contra el ego, sino como una oportunidad de convertir nuestra propia evolución y nuestro cuidado personal en una parte vital de nuestra experiencia diaria. Tanto si, en un día dado, la práctica fluye como si sentimos que nos cuesta realizarla, siempre es un medio útil para apoyar una mayor armonía emocional y energética cuando estamos experimentando el aburrimiento, la soledad, la frustración y la confusión que constituyen los indicios de nuestra transformación interior más profunda.

Aunque la mayoría de las aportaciones de este libro pueden emplearse como práctica espiritual diaria, he escrito este capítulo para ayudar a sintetizar todas las enseñanzas en una aplicación práctica. Como siempre, siéntete libre de incorporar las prácticas con las que te identifiques; no se trata de que intentes hacerlo todo, sino de que utilices este capítulo como una extensión de tu propia guía interior para que te ayude a encontrar la práctica diaria que favorezca más tu evolución.

A veces puede ser que nos identifiquemos con unas prácticas diarias concretas durante un período de tiempo. En otros casos, tal vez nos sintamos atraídos a elegir una práctica diferente cada día, cada semana o cada mes. Tanto si vas a aplicar las prácticas que aquí se ofrecen como un desafío personal de noventa días como si vas a remitirte a este capítulo en busca del remedio perfecto para tus actuales circunstancias vitales, debes saber que todas ellas han sido canalizadas desde el universo para apoyar tu transformación más milagrosa.

## EL CULTIVO DE LA AUTOESTIMA, LA GRATITUD Y LA PASIÓN - PRIMERA PARTE

Canalicé esta práctica diaria para ayudar a cultivar la autoestima, la gratitud y la pasión como aspectos esenciales de la expansión del alma. Consiste en algo tan sencillo como buscar entre tres y cinco cosas vinculadas a estas cualidades, según los enunciados siguientes. Puedes escribirlas en un diario o en el ordenador, decirlas en voz alta mientras te encuentras en un atasco de tráfico, etc.

Escribe o di entre tres y cinco cosas por las que estés agradecido. Si no se te ocurre nada, anota o di entre tres y cinco cosas por las que querrías sentirte agradecido.

Escribe o di entre tres y cinco cosas que hayas hecho bien hoy; no importa lo grandes o pequeñas que hayan sido. Si no se te ocurre nada, anota o di entre tres y cinco cosas que te gustaría hacer bien y por las que querrías felicitarte.

Escribe o di entre tres y cinco cosas que te encantaría que se manifestasen en tu realidad. Si no se te ocurre nada, anota o di entre tres y cinco cosas que te gustaría manifestar para otras personas, o incluso para la humanidad.

Como siempre, siéntete libre de realizar esta práctica con mayor o menor asiduidad, según lo que sientas.

## EL CULTIVO DE LA AUTOESTIMA, LA GRATITUD Y LA PASIÓN - SEGUNDA PARTE

La práctica diaria de cultivar la autoestima, la gratitud y la pasión también puede consistir en una meditación. Tanto si estás paseando por la naturaleza como si te encuentras en medio de un atasco de tráfico o sentado en silencio, completa el espacio en blanco de cada una de las afirmaciones que se ofrecen a continuación; inhala lentamente y exhala antes de pasar a la siguiente. Cuando hayas hecho esto con las tres afirmaciones, repite el proceso durante un período de cinco a quince minutos:

Estoy agradecido por .................................................
(Haz una inhalación lenta y exhala).
Hoy estoy orgulloso de mí mismo porque he ...............

......................... .
(Haz una inhalación lenta y exhala).
Me emociona mucho que se vaya a manifestar ...............

......................... .
(Haz una inhalación lenta y exhala).

Si te sientes estancado o no eres capaz de completar las afirmaciones, esta práctica meditativa se puede adaptar para acomodarse a la autenticidad de tus necesidades personales:

Me gustaría estar agradecido por .........................................
(Haz una inhalación lenta y exhala).
Quiero estar orgulloso de mí mismo por haber ..............

............................. .

(Haz una inhalación lenta y exhala).
Quiero manifestar que me siento merecedor de ............

............................. .

(Haz una inhalación lenta y exhala).

La tercera opción relativa a esta práctica meditativa la puedes aplicar tanto si estás absolutamente satisfecho con tu vida personal como si te sientes tan abatido que el hecho de orar por el bienestar de los demás te va a ayudar a encontrar el espacio que necesitas para relajarte y abrirte de nuevo:

Que todos los corazones estén agradecidos por ............

............................. .

(Haz una inhalación lenta y exhala).

Que todos los seres estén orgullosos de sí mismos por haber ............................
(Haz una inhalación lenta y exhala).
Que el mundo manifieste ................................ para el bienestar de todos.
(Haz una inhalación lenta y exhala).

Como en la primera parte del cultivo de la autoestima, la gratitud y la pasión, permítete incorporar la meditación de esta segunda parte que más facilite que acojas tu experiencia diaria con apertura, sinceridad y fluidez.

## EL JUEGO DE LA DULZURA

Dado que el enfoque de este libro es cultivar las cualidades naturales (*RAW*) de los atributos más elevados del alma, una de las formas más efectivas, enriquecedoras y transformadoras de estar más alineado con la Fuente es acoger la dulzura innata que está en nuestro propio interior y en el de los demás. Esta práctica diaria puede aplicarse como una forma de profundizar en la dulzura de nuestra naturaleza inocente o como una resolución de tipo emocional en respuesta a los conflictos personales. Y cuando en tu vida haya individuos que no parezcan estar operando desde la pureza de su inocencia, siempre puedes usar esta práctica diaria como una oportunidad de permitir que cualquier presunto enemigo se convierta en un aliado que respalde tu mayor evolución.

Para jugar al juego de la dulzura, lee cada una de las preguntas siguientes y permite que la respuesta surja en tu mente o en tu corazón:

¿Cuál es la razón más dulce por la que soy como soy?

¿Cuál es la razón más dulce por la que sigo haciendo lo que deseo cambiar en mí?

¿Cuál es la razón más dulce por la que las personas me tratan como lo hacen?

¿Cuál es la razón más dulce por la que me encuentro en esta situación?

¿Cuál es la razón más dulce por la que el mundo es como es?

¿Cuál es la razón más dulce por la que estoy aquí?

Si el hecho de limar tus aristas para advertir la dulzura inherente en todo se te hace demasiado cuesta arriba, puedes adaptar esta práctica diaria planteándote las preguntas que siguen a continuación. Tanto si surgen respuestas como si no, siempre estarás cultivando frecuencias de luz más elevadas por el solo hecho de alinear tu enfoque con una perspectiva más positiva y empoderada.

¿Cuál es la razón más beneficiosa por la que soy como soy?

¿Cuál es la razón más beneficiosa por la que sigo haciendo lo que deseo cambiar en mí?

¿Cuál es la razón más beneficiosa por la que las personas me tratan como lo hacen?

¿Cuál es la razón más beneficiosa por la que me encuentro en esta situación?

¿Cuál es la razón más beneficiosa por la que el mundo es como es?

¿Cuál es la razón más beneficiosa por la que estoy aquí?

Es importante recordar que la práctica diaria *nunca* pretende justificar la crueldad. Aunque todas las prácticas nos permiten ver que todo está aquí para ayudarnos, evita usarlas para perpetuar o mantener tu victimismo al seguir con relaciones tóxicas.

Si te encuentras en un entorno abusivo, responde a la profunda llamada de tu alma de buscar otro más seguro, mientras realizas alguna práctica para que te ayude a sanarte.

## LA MEDITACIÓN DE LA MANO EN EL CORAZÓN

Una de las maneras más efectivas de ayudar al corazón a abrirse es dedicar ratos a estar con la mano apoyada sobre él. Debido a que tanto tus manos como tu corazón conducen corrientes eléctricas de energía, solo por el hecho de poner una mano sobre él estás enviando la carga eléctrica que emana de tu corazón de regreso a este a través de la energía que fluye por la palma de la mano.

Cuando estás sentado con la mano sobre el corazón, no importa lo ruidosa o silenciosa que esté tu mente, o lo bien que te sientas en tu cuerpo. Solo se trata de que encuentres espacios de tiempo a lo largo del día en los que puedas volver a conectarte contigo mismo, permitiéndote recibir toda la energía que irradias para el bienestar de todos.

Este proceso es beneficioso durante los momentos de estrés. También es ideal cuando se están experimentando la frustración, el aburrimiento, la soledad y la confusión asociados a la disolución del ego. Tanto si realizas esta práctica en respuesta a las circunstancias más desalentadoras de la vida como si la haces para aumentar tu bienestar desde el punto de vista energético, tu corazón tenderá a sentirse más seguro para abrirse cuanto más a menudo sienta el poder de tu amorosa acogida.

## LA BENDICIÓN DE LA POLARIDAD

Para activar el poder de la bendición de la polaridad, es importante recordar la potencia que tienen nuestras palabras. Cada palabra es una expresión de energía puesta en movimiento a través del poder de nuestra conciencia. Con cada respiración, estas palabras pueden ofrecerse como rayos potentes de luz sanadora, al igual que pueden usarse como armas contra nosotros mismos y contra otras personas.

Si nos atrevemos a dejar de lado cualquier cuestión que intentemos demostrar, podemos preguntarnos lo siguiente:

Cuando no estoy identificado con la rectitud de un punto de vista, ¿uso las palabras como regalos o como armas? ¿Qué siento en el cuerpo cuando comparto mis palabras? Si no me siento bien en mi cuerpo cuando transmito mis ideas, ¿cómo espero empoderar a los demás? Durante un momento tan solo, ¿puedo renunciar a mi necesidad de tener la razón y observar la calidad de mis palabras?

La mejor manera de transformar nuestra realidad y ser una fuente de inspiración para los demás es usar nuestras palabras como expresiones de gozo y libertad. Cuando experimentamos gozo con las palabras que elegimos, es probable que las personas que nos rodean se interesen más por lo que decimos, lo cual nos brinda la capacidad de informarlas y estimularlas de una manera consciente y centrada en el corazón. Cuando se abandona el gozo en favor de la implacabilidad y la agresividad asociadas a un punto de vista personal, las palabras se utilizan como tácticas de intimidación para acorralar a los demás y condenarlos y juzgarlos por ser diferentes.

Demasiado a menudo, el uso de las palabras es el equivalente a reunir una pandilla de linchadores sociales en lugar de ser un medio para inspirar los corazones de muchos.

Como práctica diaria continua, aprovecha cada día para halagar y honrar la divinidad de los demás, sabiendo que cuanto mejor se sientan los demás consigo mismos, más conciencia habrá en la vida de todos. Si no somos capaces de usar nuestras palabras como regalos en lugar de como armas, nos encontramos, sin saberlo, en el mismo nivel de inconsciencia que aquello que anhelamos cambiar.

Si nos sentimos inspirados a llevar a cabo actos conscientes de mayor envergadura, siempre es esencial que lo hagamos a partir de aquello que apoyamos, en lugar de hacerlo a partir de aquello a lo que nos oponemos. Si esto nos parece menos importante que la opción de atacar con comentarios verbales, por más palabras que digamos estas no serán suficientes para apoyar los beneficios de nuestras importantes contribuciones. Si deseamos que la conciencia más alta de todos se alinee con nuestro punto de vista, debemos atrevernos a manejarnos de una forma noble y consciente.

Desde este espacio de alineación centrada en el corazón, la conciencia no está determinada por la rectitud de nuestro punto de vista, sino por lo amorosamente que intentamos compartir nuestras ideas con los demás.

Para fomentar que el uso de las palabras constituya una de nuestras prácticas diarias más importantes, canalicé la siguiente bendición del universo como una forma directa de responder energéticamente a las emociones negativas y a las situaciones desfavorables. Espero que te abra a concebir un repertorio de opciones mayor durante las circunstancias más difíciles.

La bendición de la polaridad fue creada para ayudarte a ver los beneficios evolutivos de cada situación al invitarte a bendecirte a ti mismo y bendecir a los demás con la vibración opuesta a la de tus experiencias más limitantes.

Esto significa que el maltrato por parte de alguien puede convertirse en una oportunidad para halagarte más a menudo o para bendecir al mundo con una mayor autoestima. Incluso cuando alguien te critique, puedes tomarte un momento para convertir la energía de la crítica en un cumplido y recibir un regalo por parte del alma de esa persona en lugar de soportar la embestida de su ego.

**Para familiarizarte mejor con el poder de la bendición de la polaridad, reflexiona sobre la sabiduría contenida en las preguntas siguientes:**

¿Y si te bendijeras a ti mismo y bendijeras al mundo con una mayor felicidad cuando los demás están enojados o te han enojado?

¿Y si te bendijeras a ti mismo y bendijeras al mundo con una mayor alegría cuando los demás están tristes o te han entristecido?

¿Y si te bendijeras a ti mismo y bendijeras al mundo con una mayor apertura cuando los demás se han encerrado o han hecho que te encerraras?

¿Y si te bendijeras a ti mismo y bendijeras al mundo con una mayor dulzura cuando los demás se muestran crueles o han inspirado crueldad en ti?

¿Y si te bendijeras a ti mismo y bendijeras al mundo con la valentía de ser más honestos cuando los demás te han engañado o te han motivado a engañar?

¿Y si te bendijeras a ti mismo y bendijeras al mundo con un mayor respeto cuando los demás son irrespetuosos o han provocado la falta de respeto en ti?

¿Y si te bendijeras a ti mismo y bendijeras al mundo con una mayor paz cuando los demás están en conflicto o han entrado en conflicto contigo?

¿Y si te bendijeras a ti mismo y bendijeras al mundo con un mayor alivio cuando los demás experimentan dolor o te han lastimado?

¿Y si te bendijeras a ti mismo y bendijeras al mundo con una mayor aceptación cuando los demás se sienten rechazados o te han rechazado?

¿Y si te bendijeras a ti mismo y bendijeras al mundo con un mayor amor cuando los demás tienen miedo o han hecho que tú lo tengas?

¿Y si te bendijeras a ti mismo y bendijeras al mundo con un mayor perdón cuando los demás están juzgando o han provocado juicios en ti?

## LA ORACIÓN DEL PERDÓN RADICAL

Esta enseñanza y oración se canalizó desde el universo para ofrecer una herramienta práctica en respuesta a una crisis personal o global. Puede ser tu primera respuesta a los asuntos mundanos mientras sirves a la humanidad como ángel encarnado.

La diferencia entre un trabajador de la luz y una víctima no tiene nada que ver con las situaciones con las que se encuentran, sino con la forma en que *responden* a estas situaciones. Un trabajador de la luz es un ángel dentro de una forma física. Él o ella usa su caudal de experiencias para convertirse en el cambio que desea ver. Una víctima es herida por las acciones del mundo, y se limita a esperar el cambio que aún tiene que efectuar.

En el nivel espiritual, una víctima es un trabajador de la luz en proceso de formación. A lo largo de cada etapa de la vida, sobrevive a la inevitabilidad de la pérdida y del cambio, lo cual hace que vaya incorporando una nueva conciencia, por el bien de todos. Esto significa que el victimismo no es una trampa de la que escapar, sino etapas continuas de crecimiento espiritual y expansión energética que van forjando al trabajador de la luz.

Puede ser que estés sobrecogido por el miedo a causa de la hostilidad existente entre países, o emocionalmente destrozado como resultado de ciertos ataques terroristas, o en guerra contigo mismo, o decepcionado por el comportamiento de un ser querido, o abrumado por la pesadez del inconsciente colectivo... En cualquiera de los casos, cada momento de victimismo constituye una invitación a que cruces el umbral de la desesperación y te conviertas en el trabajador de la luz que estás destinado a ser.

Por más prometedor o incierto que parezca ser nuestro contexto vital, ofrezco la oración del perdón radical para contribuir energéticamente al despertar de la humanidad.

Es importante que recordemos siempre, ante las circunstancias que nos afectan a escala personal o las que tienen una repercusión global, que incluso cuando no podemos cambiar las situaciones que vemos, siempre podemos cambiar la forma en que respondemos a ellas desde nuestro interior.

Como trabajador de la luz que está contribuyendo a llevar a la humanidad un nuevo paradigma de conciencia, lee la siguiente oración tantas veces al día como te sientas inspirado a apoyar la evolución de la Tierra o te encuentres atrapado en el dolor del sufrimiento humano. En el espacio en blanco, puedes incluir el nombre de un enemigo, un adversario del pasado, un familiar asociado a una herida que aún no has sanado o un ser querido que está lidiando con su propio proceso de sanación; o bien puedes incluir tu nombre completo, el nombre de un país en guerra o incluso la humanidad en general.

Permito que _____ sea perdonado y liberado como YO SOY ahora.

Por favor, no te juzgues por la cantidad de veces al día que necesites repetir esta oración. En lugar de ello, mírate a través de los ojos del universo y regocíjate con la frecuencia con la que estás actuando de acuerdo con la mayor sabiduría de tu alma para transformar la realidad en favor de la liberación de todos.

A través de la oración del perdón radical, espero que aumente tu fe y aportes a la vida la frecuencia de luz única que has venido a encender en todos los corazones.

No veas tu destino como un horizonte de circunstancias preferidas, sino como una oportunidad de actuar según las elecciones más inspiradas de la vida que van a transformar tu cuerpo físico en una expresión viva de la divinidad en acción.

## SANAR CON LA GRATITUD

Esta enseñanza y práctica fue canalizada desde el universo como una herramienta útil cuando nuestros viajes de sanación nos parezcan abrumadores o duren más de lo que querríamos. Espero que te libere de cualquier auto-juicio, para que puedas aceptar en mayor medida la sanación como un proceso evolutivo.

La verdadera sanación no consiste en librarse de unos síntomas de cualquier manera. Esto apoyaría las creencias en la superstición, pues sugeriría que las enfermedades que nos afectan no tienen un propósito mayor. Cuando estamos atrapados en una crisis curativa, es como si nuestro cuerpo estuviese dentro de un capullo; el descanso, la nutrición y, a menudo, la ayuda de suplementos o incluso de medicamentos permiten que el cuerpo, la mente, el corazón y el alma se alineen, e inspiran la integración de nuestra vibración más alta dentro de una forma física.

La mayoría de los síntomas, ya sea que requieran atención naturopática, energética o médica, simbolizan la extinción del viejo paradigma a medida que emerge el nuevo yo. Muy a menudo, antes de que podamos experimentar los horizontes de una nueva realidad se nos da la oportunidad de dar las gracias al viejo yo por llevarnos tan lejos como debía y enviarlo de vuelta a casa, a la Fuente.

Esto puede generar confusión, porque muchos seres se encuentran actualmente frente al precipicio de una nueva realidad, anhelando soltar lo viejo, pero haciéndo-lo desde un espacio de rechazo, poniendo el enfoque en eliminar las incomodidades que inspiran el despertar más profundo. Cuando somos capaces de reconocer que el verdadero proceso de sanación no es culpa de nadie, sino solo la *oportunidad* que tenemos de agradecer todas las experiencias pasadas que nos han preparado para mayores aventuras en el futuro, podemos acelerar nuestro viaje de sanación sin rechazar ninguna parte de nosotros mismos por el camino.

La sanación no es una carrera contra el tiempo para recrear una estructura egoica en circunstancias más deseables; se trata de una oportunidad de abrazar el amor propio, la compasión por los demás y un mayor respeto por el propio proceso evolutivo. La sanación no consiste en tratar de averiguar qué hicimos mal, que conllevó la manifestación del problema; es una celebración ancestral de la rapidez con la que estamos evolucionando, en que la necesidad de alinear el cuerpo, la mente, el corazón y el alma hace que surjan diversos síntomas.

La sanación espiritual no se puede procesar necesariamente mediante modalidades curativas, y es tanto un proceso sanador como el camino de nuestro potencial más elevado. Lo que nuestro cuerpo, nuestra mente, nuestro corazón y nuestra alma requieran para alinearse e integrarse es precisamente lo que debemos ofrecernos. Como siempre, confía en la gracia inmaculada de la guía divina para saber qué es lo mejor para ti. En caso de duda, encuentra más tiempo y espacio para estar quieto, en silencio y abierto a la orientación que la vida quiere ofrecerte.

Que quien quiere acelerar el proceso, o quien solo está interesado en la evolución si se produce bajo las circunstancias que prefiere, sea respetado, reconocido y acogido como nunca antes. Que cada etapa de la sanación sea saboreada por más agotadora o insoportable que se manifieste en el transcurso de la disolución del viejo paradigma. Como siempre, nuestra mayor sanación sigue siendo nuestra rendición más profunda. Lo relevante no es la cantidad de tiempo que parezca durar, sino lo dispuestos que estamos a acoger la vibración de la gratitud, tanto si el hecho de hacerlo parece tener repercusiones inmediatas como si no.

Cuando la gracia de la gratitud te ayude a reconocer cada momento como un regalo para un crecimiento espiritual continuo, seguirás experimentando el dolor, la incertidumbre y la angustia, y los efectos emocionales de la pérdida y la traición, pero nada de ello podrá provocar una respuesta de sufrimiento a menos que evites la gratitud. Cuando la conciencia está despierta, el placer sigue siendo placentero y el dolor sigue siendo doloroso. Sin embargo, tanto si el placer se convierte en dolor como si el dolor dura más de lo que esperábamos, ello no reduce nuestra comprensión de lo inestimable que puede ser cada momento para garantizar la llegada de nuestra expansión más milagrosa.

Lo mejor de todo es que ni siquiera tenemos que saber de qué manera nos está ayudando a evolucionar un factor dado ni tenemos que visualizar en qué medida seremos mejores como resultado del conjunto de circunstancias que nos están afectando actualmente. En lugar de ello, podemos limitarnos a recibir cada momento como un regalo inestimable, incluso si este regalo nos ayuda a ser totalmente honestos acerca de cuánto nos disgusta la forma en que son las cosas.

El proceso no tiene por qué gustarnos. Lo relevante es que la vida sabe exactamente cómo moldearnos para que lleguemos a encarnar la perfección que vinimos a expresar.

**Para activar el poder sanador de la gratitud, reflexiona sobre la sabiduría contenida en las declaraciones siguientes, en silencio o en voz alta:**

Gracias por este dolor.
Gracias por esta traición.
Gracias por esta angustia.
Gracias por este inconveniente.

Gracias por esta decepción.
Gracias por esta soledad.
Gracias por esta frustración.
Gracias por esta agonía.
Gracias por esta confusión.

Gracias por esta enfermedad o dolencia.
Gracias por esta desesperanza.

Gracias por esta ira.
Gracias por esta desesperación.
Gracias por esta crueldad implacable.

Gracias por esta depresión.
Gracias por esta humildad.
Gracias por este silencio.
Gracias por esta liberación.
Gracias por esta paz.

Gracias por esta alegría.
Gracias por esta luz.
Gracias por esta vida.
Gracias por este amor.
Gracias. Gracias. Gracias.

---

Como práctica diaria, siéntete libre de leer estas declaraciones de gratitud tan a menudo como quieras o en respuesta directa a desencadenantes emocionales. Incluso es posible que quieras detenerte en cada línea para averiguar qué te resulta más problemático agradecer. Puedes repetir la frase que te suscite mayor tensión emocional como un mantra a lo largo del día para transformar cualquier enemigo potencial del ego en un aliado para la evolución de tu alma.

# CONCLUSIÓN

Hemos llegado al final del viaje que hemos realizado juntos, pero esto es solo el comienzo de la expedición que tienes por delante. Has empezado a explorar una realidad más profunda y te has atrevido a ver tu vida a través de los ojos de la Fuente que todo lo ama, y te has abierto con éxito a los milagros que te ayudarán a cumplir la misión que tienes en esta vida con la máxima paz, armonía y fluidez.

Aunque no todos los momentos que te aguardan tienen por qué ser apacibles, armoniosos o fáciles, ahora tienes en tus manos el poder de determinar cuántos aliados o enemigos percibes. De ahora en adelante, a cada momento tienes una valiosa oportunidad de ser el amor que siempre has deseado ser, y de mostrar la generosidad, la conciencia, la nobleza y la compasión que tal vez parecen ausentes en el mundo que vemos. Al avanzar como un anunciador activo y comprometido del bienestar, le recuerdas al mundo que hay una realidad más profunda dentro de la obra que representamos como humanos, por medio de las elecciones que llevas a cabo y las formas en que eliges responder. Todo esto puede ser estimulante, inspirador y vigorizante, en lugar de agotador, si recordamos la verdad eterna del nuevo paradigma espiritual. Dicha verdad baila a lo largo de las vicisitudes de la vida cotidiana, recordándonos que independientemente de lo que se presente en nuestras vidas o del aspecto que tenga, todo está aquí para ayudarnos a convertirnos en quienes estamos destinados a ser. Nacimos para eso.

# SOBRE EL AUTOR

Matt Kahn es un maestro espiritual, un sanador empático con una extraordinaria capacidad de sintonía que ha causado sensación en YouTube con sus vídeos, a menudo cargados de sentido del humor. Sus millones de seguidores están encontrando el apoyo que buscaban para sentirse más amados, despiertos y abiertos a las infinitas posibilidades que la vida les ofrece.

El despertar espontáneo de Matt se produjo a partir de una experiencia extracorpórea que tuvo a los ocho años y a través de sus experiencias directas con maestros ascendidos y arcángeles a lo largo de su vida. Utilizando sus capacidades intuitivas de visión, escucha, percepción de sensaciones y conocimiento directo, Matt siente las emociones de los demás y es capaz de identificar qué es lo que está bloqueando la apertura de los corazones. A partir de ahí, sus enseñanzas revolucionarias, a través de la palabra escrita y hablada, ayudan a los seres energéticamente sensibles a sanar el cuerpo, despertar el alma y transformar la realidad a través del poder del amor.

Muchos buscadores espirituales han experimentado sanaciones físicas y emocionales sorprendentes, inexplicables, y han despertado a su verdadera naturaleza gracias a las enseñanzas profundas, amorosas y a menudo divertidas de Matt, y a su transmisión de la sabiduría eterna y sagrada del corazón.

https://mattkahn.org/

# SIMPLIFY YOUR SPIRITUAL PATH

Si has disfrutado este libro de Matt Kahn, echa un vistazo a su curso en línea Simplify Your Spiritual Path ('simplifica tu camino espiritual'), que te orientará para transitar por nuestro nuevo mundo ascendido, prosperar en él y obtener el alivio que necesitas.

En este curso, Matt te enseñará las *diez reglas de oro*, canalizadas desde el universo, que no solo catalizarán tu crecimiento espiritual, sino que también te sacarán de la parálisis o el estancamiento.

*Simplify Your Spiritual Path* incluye lo siguiente:

- Diez lecciones transformadoras para catalizar tu crecimiento espiritual y aportarte una claridad y un alivio verdaderos.
- Cada lección está imbuida de transmisiones de sanación energética con el fin de estimular tu sanación y tu despertar a través de la mera observación.
- Ejercicios para deshacer bloqueos profundos que te mantienen estancado o suponen obstáculos en tu camino.
- Potentes mantras canalizados para anclar cada enseñanza y aportar mayor fluidez, libertad y alegría a tu vida.
- Sesiones exclusivas de preguntas por parte del público y respuestas de Matt Kahn para que puedas ver cómo aplicar estas enseñanzas a los problemas de la vida real. También podrás ver a personas que sanan en el momento.

Lo que aprenderás en este curso te ayudará a despertar los atributos centrales de tu alma, como el amor propio, el perdón, la gratitud y la confianza, lo cual te conducirá a experimentar la libertad emocional.

Inscríbete en https://www.hayhouseu.com/simplify-your-spiritual-path-online-course-hhu.